Zdrowie przez Smak

Książka Kulinarna przeciwzapalna

Anna Kowalska

Spis treści

Jajecznica Z Pieczarkami I Szpinakiem Porcje: 1 17

Składniki: 17

Wskazówki: 17

Pikantne naleśniki śniadaniowe Porcje: 4 19

Składniki: 19

Wskazówki: 19

Klon Mokka Frappe Porcje: 2 21

Składniki: 21

Wskazówki: 21

Czekoladowe Muffinki Z Mąki Migdałowej I Masła Orzechowego 22

Składniki: 22

Wskazówki: 22

Śniadanie Tofu Porcje: 4 24

Składniki: 24

Wskazówki: 24

Wafle z kalafiora z serem i tymiankiem Porcje: 2 26

Składniki: 26

Wskazówki: 27

Słodkie Muffiny Kukurydziane 28

Porcje: 1 28

Składniki: 28

Wskazówki: 28

Świeży i Owocowy Perky Parfait 30

Porcje: 2 30

Składniki: 30

Kremowy Tost z Łososiem Porcje: 2 31

Składniki: 31

Wskazówki: 31

Bananowo-orzechowe pieczone płatki owsiane Porcje: 9 32

Składniki: 32

Wskazówki: 33

Ziemniaczano-fasolowa zapiekanka Porcje: 4 34

Składniki: 34

Wskazówki: 35

Brzoskwinie Z Miodowym Migdałem Ricotta 36

Porcje: 6 36

Składniki: 36

Wskazówki: 36

chleb z cukinii 38

Porcje: 6 38

Składniki: 38

Wskazówki: 39

Batony jabłkowo-cynamonowe Porcje: 4 40

Składniki: 40

Wskazówki: 41

Babeczki Jagodowe Porcje: 10 42

Składniki: 42

Wskazówki: 43

Porcje smoothie jagodowego: 1 44

Składniki: 44

Wskazówki: 44

Słodkie ziemniaki faszerowane cynamonem Porcje: 4 46

Składniki: 46

Wskazówki: 47

Pomidory faszerowane jajkiem Porcje: 2 48

Składniki: 48

Wskazówki: 48

Jajecznica z Jarmużem Porcje: 1 50

Składniki: 50

Wskazówki: 50

Ser I Kiełbasa Zapiekanka Z Smaczne Marinara 52

Składniki: 52

Wskazówki: 52

Golden Milk Pudding Chia Porcje: 4 54

Składniki: 54

Wskazówki: 54

Ciasto Marchewkowe Nocne Owsiane Porcje: 2 56

Składniki: 56

Wskazówki: 56

Naleśniki Miodowe Porcje: 2 57

Składniki: 57

Wskazówki: 58

Naleśniki bezglutenowe Porcje: 10 60

Składniki: 60

Wskazówki: 61

Ryż Marchewkowy Z Jajecznicą Porcje: 3 63

Składniki: 63

Wskazówki: 64

Porcje haszyszu ze słodkich ziemniaków: 6 66

Składniki: 66

Wskazówki: 66

Babeczki Jajeczne Z Fetą I Quinoa Porcje: 12 67

Składniki: 67

Wskazówki: 67

Pikantne naleśniki z ciecierzycy Porcje: 1 69

Składniki: 69

Wskazówki: 69

Pyszne porcje mleka kurkumowego: 2 71

Składniki: 71

Wskazówki: 71

Zielona Shakshuka Porcje: 4 72

Składniki: 72

Wskazówki: 73

Chleb Białkowy Quinoa Porcje: 12 74

Składniki: 74

Wskazówki: 75

Muffinki z marchewką i kokosem Porcje: 12 77

Składniki: 77

Gorąca owsianka z miodem Porcje: 4 79

Składniki: 79

Wskazówki: 79

Porcje sałatki śniadaniowej: 4 80

Składniki: 80

Wskazówki: 80

Szybka Quinoa Z Cynamonem I Chia Porcje: 2 82

Składniki: 82

Wskazówki: 82

Bezbożowe gofry ze słodkich ziemniaków Porcje: 2 84

Składniki: 84

Wskazówki: 84

Frittata z komosą ryżową i szparagami Porcje: 3 86

Składniki: 86

Wskazówki: 87

Huevos Rancheros Porcje: 3 88

Składniki: 88

Wskazówki: 89

Omlet ze szpinakiem i grzybami Porcje: 2 90

Składniki: 90

Wskazówki: 90

Gofry dyniowo-bananowe Porcje: 4 91

Składniki: 91

Wskazówki: 92

Jajecznica Z Wędzonym Łososiem Porcje: 2 93

Składniki: 93

Wskazówki: 93

Kremowe Parmezanowe Risotto Z Pieczarkami I Kalafiorem 94

Składniki: 94

Wskazówki: 94

Pieczone Brokuły Ranczo Z Cheddarem Porcje: 2 96

Składniki: 96

Wskazówki: 96

Energetyczna owsianka proteinowa Porcje: 2 98

Składniki: 98

Wskazówki: 99

Owsianka z mango i kokosem Porcje: 1 100

Składniki: 100

Wskazówki: 100

Frittata z pieczarkami i szpinakiem Porcje: 4 101

Składniki: 101

Wskazówki: 101

Porcje śniadaniowe z komosy ryżowej: 6 103

Składniki: 103

Wskazówki: 103

Jabłka Cynamonowe Gotowane Na Parze W Powolnej Kuchni Porcje: 6 105

Składniki: 105

Wskazówki: 105

Chleb pełnoziarnisty Porcje: 8 107

Składniki: 107

Wskazówki: 107

Omlet Pomidorowy Porcje: 1 109

Składniki: 109

Wskazówki: 109

Płatki owsiane z brązowym cukrem i cynamonem Porcje: 4 111

Składniki: 111

Wskazówki: 111

Owsianka Amarantusowa Z Pieczoną Gruszką Porcje: 2 112

Składniki: 112

Wskazówki: 113

Słodkie naleśniki z kremem Porcje: 2 115

Składniki: 115

Wskazówki: 115

Smażone paszteciki wieprzowe z syropem i szałwią Porcje: 4 117

Składniki: 117

Wskazówki: 117

Naleśniki Z Kremem Kokosowym I Sosem Truskawkowym Porcje: 118

Składniki: 118

Wskazówki: 119

Składniki na taco z klopsikami: 121

Wskazówki: 122

Zoodles z pesto z awokado i łososiem Porcje: 4 124

Składniki: 124

Wskazówki: 124

Słodkie Ziemniaki Z Kurkumą, Jabłkiem I Cebulą Z Kurczakiem 126

Składniki: 126

Smażony ziołowy stek z łososia Porcje: 4 128

Składniki: 128

Wskazówki: 128

Letnie warzywa z tofu i przyprawami włoskimi Porcje: 4 130

Składniki: 130

Wskazówki: 130

Sałatka z truskawkami i kozim serem Składniki: 132

Wskazówki: 132

Gulasz z kalafiora z kurkumą i dorszem Porcje: 4 134

Składniki: 134

Wskazówki: 135

Orzechy włoskie i szparagi Delight Porcje: 4 136
Składniki: 136
Wskazówki: 136
Alfredo Makaron Cukiniowy Składniki: 137
Wskazówki: 137
Składniki na Kurczaka z Indyka Quinoa: 139
Wskazówki: 140
Makaron z czosnkiem i dynią Porcje: 4 142
Składniki: 142
Wskazówki: 143
Pstrąg na parze z czerwoną fasolą i salsą chilli Porcje: 1 144
Składniki: 144
Wskazówki: 145
Zupa ze słodkich ziemniaków i indyka Porcje: 4 146
Składniki: 146
Wskazówki: 147
Łosoś pieczony w miso Porcje: 2 148
Składniki: 148
Wskazówki: 148
Po prostu smażone płatki filetowe Porcje: 6 150
Składniki: 150
Wskazówki: 150
Wieprzowina Carnitas Porcje: 10 151
Składniki: 151
Wskazówki: 152
Biała Zupa Rybna Z Warzywami 153
Porcje: 6 do 8 153

Składniki: 153

Wskazówki: 153

Cytrynowe Małże Porcje: 4 155

Składniki: 155

Wskazówki: 155

Porcje łososia w limonce i chili: 2 156

Składniki: 156

Wskazówki: 156

Serowy makaron z tuńczykiem Porcje: 3-4 157

Składniki: 157

Wskazówki: 157

Paski rybne w panierce kokosowej Porcje: 4 159

Składniki: 159

Wskazówki: 160

Porcje meksykańskiej ryby: 2 161

Składniki: 161

Wskazówki: 161

Pstrąg Z Salsą Ogórkową Porcje: 4 163

Składniki: 163

Cytrynowe Zoodles Z Krewetkami Porcje: 4 165

Składniki: 165

Wskazówki: 165

Chrupiące krewetki Porcje: 4 167

Składniki: 167

Wskazówki: 167

Porcje pieczonego okonia morskiego: 2 168

Składniki: 168

Wskazówki: 168

Ciasteczka z łososiem Porcje: 4 169

Składniki: 169

Wskazówki: 169

Porcje Pikantnego Dorsza: 4 170

Składniki: 170

Wskazówki: 170

Pasta z wędzonego pstrąga Porcje: 2 171

Składniki: 171

Wskazówki: 171

Porcje z tuńczykiem i szalotkami: 4 173

Składniki: 173

Wskazówki: 173

Krewetki z papryką cytrynową Porcje: 2 174

Składniki: 174

Wskazówki: 174

Stek z tuńczyka na ciepło Porcje: 6 175

Składniki: 175

Wskazówki: 175

Porcje łososia Cajun: 2 177

Składniki: 177

Wskazówki: 177

Quinoa Miska Łososia Z Warzywami 178

Porcje: 4 178

Składniki: 178

Porcje panierowanej ryby: 4 180

Składniki: 180

Wskazówki: 180

Proste kotleciki z łososia Porcje: 4 181

Składniki: 181

Wskazówki: 182

Popcorn Krewetki Porcje: 4 183

Składniki: 183

Wskazówki: 184

Pikantna pieczona ryba Porcje: 5 185

Składniki: 185

Wskazówki: 185

Tuńczyk z papryką Porcje: 4 186

Składniki: 186

Wskazówki: 186

Paszteciki rybne Porcje: 2 187

Składniki: 187

Wskazówki: 187

Smażone Przegrzebki Z Miodem Porcje: 4 188

Składniki: 188

Wskazówki: 188

Filety z dorsza z grzybami shiitake Porcje: 4 190

Składniki: 190

Wskazówki: 190

Pieczone białe okonie morskie Porcje: 2 192

Składniki: 192

Wskazówki: 192

Morszczuk z pieczonych pomidorów Porcje: 4-5 193

Składniki: 193

Wskazówki:	193
Smażony plamiak z burakami Porcje: 4	195
Składniki:	195
Serdeczne Tuńczyk Melt Porcje: 4	197
Składniki:	197
Wskazówki:	197
Łosoś Cytrynowy Z Limonką Kaffir Porcje: 8	199
Składniki:	199
Wskazówki:	199
Delikatny Łosoś W Sosie Musztardowym Porcje: 2	201
Składniki:	201
Wskazówki:	201
Porcje Sałatki Krabowej: 4	203
Składniki:	203
Wskazówki:	203
Pieczony Łosoś Z Sosem Miso Porcje: 4	204
Składniki:	204
Wskazówki:	204
Pieczony Dorsz Z Miodem Porcje: 2	206
Składniki:	206
Wskazówki:	206
Parmezan Mix Dorsz Porcje: 4	208
Składniki:	208
Wskazówki:	208
Chrupiące krewetki czosnkowe Porcje: 4	209
Składniki:	209
Wskazówki:	209

Kremowa mieszanka okonia morskiego Porcje: 4 210

Składniki: 210

Wskazówki: 210

Ogórek Ahi Poke Porcje: 4 211

Składniki: 211

Minty Dorsz Mix Porcje: 4 213

Składniki: 213

Wskazówki: 213

Tilapia cytrynowo-kremowa Porcje: 4 215

Składniki: 215

Wskazówki: 215

Rybne tacos Porcje: 4 217

Składniki: 217

Wskazówki: 218

Mieszanka imbirowego okonia morskiego Porcje: 4 219

Składniki: 219

Wskazówki: 219

Porcje krewetek kokosowych: 4 220

Składniki: 220

Wieprzowina Z Gałką Muszkatołową Porcje: 4 222

Składniki: 222

Wskazówki: 222

Jajecznica Z Pieczarkami I Szpinakiem Porcje: 1

Składniki:

2 białka jaj

1 kromka pełnoziarnistego tostu

½ w. pokrojone świeże pieczarki

2 łyżki. Rozdrobniony beztłuszczowy ser amerykański

Pieprz

1 łyżeczka. Oliwa z oliwek

1 w. posiekany świeży szpinak

1 całe jajko

Wskazówki:

1. Na średnim ogniu umieść nieprzywierającą patelnię i wlej olej. Zamieszaj olejem, aby przykrył patelnię i podgrzewaj przez minutę.

2. Dodaj szpinak i pieczarki. Smaż, aż szpinak zwiędnie, około 2-3 minut.

3. W międzyczasie w misce dobrze ubij jajko, białka i ser.

Doprawić pieprzem.

4. Wlej mieszankę jajeczną na patelnię i mieszaj, aż jajka się zetną, około 3-4 minut.

5. Podawaj i delektuj się grzankami pełnoziarnistymi.

Informacje o wartościach odżywczych:Kalorie: 290,6, Tłuszcz: 11,8 g, Węglowodany: 21,8 g, Białko: 24,3 g, Cukry: 1,4 g, Sód: 1000 mg

Pikantne naleśniki śniadaniowe Porcje: 4

Czas gotowania: 6 minut

Składniki:

½ szklanki mąki migdałowej

½ szklanki mąki z tapioki

1 szklanka mleka kokosowego

½ łyżeczki chili w proszku

¼ łyżeczki kurkumy w proszku

½ czerwonej cebuli, posiekanej

1 garść liści kolendry, posiekanych

½ cala imbiru, startego

1 łyżeczka soli

¼ łyżeczki mielonego czarnego pieprzu

Wskazówki:

1. W misce mieszaj wszystkie składniki, aż dobrze się połączą.

2. Rozgrzej patelnię na małym średnim ogniu i posmaruj olejem.

3. Wlej ¼ szklanki ciasta na patelnię i rozprowadź mieszankę, aby utworzyć naleśnik.

4. Smaż przez 3 minuty z każdej strony.

5. Powtarzaj, aż ciasto będzie gotowe.

<u>Informacje o wartościach odżywczych:</u>Kalorie 108 Tłuszcz ogółem 2 g Tłuszcze nasycone 1 g Węglowodany ogółem 20 g Węglowodany netto 19,5 g Białko 2 g Cukier: 4 g Błonnik: 0,5 g Sód: 37 mg Potas 95 mg

Klon Mokka Frappe Porcje: 2

Składniki:

1 łyżka. niesłodzone kakao w proszku

½ w. mleko niskotłuszczowe

2 łyżki. Czysty syrop klonowy

½ w. parzona kawa

1 mały dojrzały banan

1 w. niskotłuszczowy jogurt waniliowy

Wskazówki:

1. Umieść banana w blenderze lub robocie kuchennym i zmiksuj na purée.

2. Dodaj pozostałe składniki i miksuj pulsacyjnie, aż będą gładkie i kremowe.

3. Podawaj natychmiast.

Informacje o wartościach odżywczych:Kalorie: 206, Tłuszcz: 2 g, Węglowodany: 38 g, Białko: 6 g, Cukry: 17 g, Sód: 65 mg

Czekoladowe Muffinki Z Mąki Migdałowej I Masła Orzechowego

Porcje: 6

Czas gotowania: 25 minut

Składniki:

1 szklanka mąki migdałowej

1 łyżeczka proszku do pieczenia

1/8 łyżeczki soli

½ szklanki erytrytolu

1/3 szklanki mleka migdałowego, niesłodzonego

2 ekologiczne jajka

1/3 szklanki masła orzechowego, niesłodzonego

2 łyżki ziaren kakaowych

Wskazówki:

1. Włącz piekarnik, a następnie ustaw jego temperaturę na 350°F i pozwól mu się rozgrzać.

2. W międzyczasie wsyp mąkę do miski, dodaj proszek do pieczenia, sól i erytrytol i mieszaj, aż składniki się połączą.

3. Następnie wlej mleko, dodaj jajka i masło orzechowe, ubijaj do połączenia, a następnie dodaj śrutę kakaową.

4. Weź blachę na sześć muffinek, wyłóż foremki papilotkami, napełnij je równomiernie przygotowanym ciastem i piecz przez 25 minut, aż muffiny się upieką i ładnie zarumienią.

5. Po zakończeniu przenieś babeczki na metalową podstawkę, aby całkowicie ostygły, a następnie zawiń każdą muffinkę w folię i przechowuj w lodówce do pięciu dni.

6. Podawaj babeczki gotowe do spożycia.

Informacje o wartościach odżywczych:Kalorie 265, Tłuszcz ogółem 20,5 g, Węglowodany ogółem 2 g, Białko 7,5 g

Śniadanie Tofu Porcje: 4

Czas gotowania: 20 minut

Składniki:

2 łyżeczki prażonego oleju sezamowego

1 łyżeczka octu ryżowego

2 łyżki sosu sojowego o obniżonej zawartości sodu

½ łyżeczki cebuli w proszku

1 łyżeczka czosnku w proszku

1 kostka tofu pokrojona w kostkę

1 łyżka skrobi ziemniaczanej

Wskazówki:

1. W misce połącz wszystkie składniki oprócz tofu i skrobi ziemniaczanej.

2. Dobrze wymieszaj.

3. Dodaj tofu do miski.

4. Marynuj przez 30 minut.

5. Obtoczyć tofu w mące ziemniaczanej.

6. Dodaj tofu do koszyka frytownicy.

7. Smażyć na powietrzu w temperaturze 370 stopni F przez 20 minut, potrząsając w połowie.

Wafle z kalafiora z serem i tymiankiem Porcje: 2

Czas gotowania: 15 minut

Składniki:

½ szklanki startego sera mozzarella

¼ szklanki tartego parmezanu

¼ dużej główki kalafiora

½ szklanki kapusty zielonej

1 duże ekologiczne jajko

1 łodyga zielonej cebuli

½ łyżki oliwy z oliwek

½ łyżeczki czosnku w proszku

¼ łyżeczki soli

½ łyżki nasion sezamu

1 łyżeczka świeżego tymianku, posiekanego

¼ łyżeczki mielonego czarnego pieprzu

Wskazówki:

1. Umieść kalafior w robocie kuchennym, dodaj dymkę, zieloną paprykę i tymianek, a następnie pulsuj przez 2 do 3 minut, aż będzie gładkie.

2. Przełóż mieszaninę do miski, dodaj pozostałe składniki i mieszaj, aż się połączą.

3. Włącz gofrownicę, nasmaruj ją olejem i gdy będzie gorąca, włóż do niej połowę przygotowanego ciasta, zamknij pokrywką i smaż aż ładnie się zrumieni i stężeje.

4. Po zakończeniu przenieś gofra na talerz i upiecz kolejnego gofra w ten sam sposób, używając pozostałego ciasta.

5. Podawaj od razu.

<u>Informacje o wartościach odżywczych:</u>Kalorie 144, węglowodany ogółem 8,5, tłuszcze ogółem 9,4 g, białko 9,3 g, cukier 3 g, sód 435 mg

Słodkie Muffiny Kukurydziane

Porcje: 1

Składniki:

1 łyżka. proszek do pieczenia bez sodu

¾ w. mleko niemleczne

1 łyżeczka. czysty ekstrakt z wanilli

½ w. cukier

1 w. biała mąka pełnoziarnista

1 w. mąka kukurydziana

½ w. olej rzepakowy

Wskazówki:

1. Rozgrzej piekarnik do 400°F. Formę na 12 muffinek wyłóż papierowymi papilotkami i odłóż na bok.

2. Umieść mąkę kukurydzianą, mąkę, cukier i proszek do pieczenia w misce i dobrze wymieszaj, aby połączyć.

3. Dodaj mleko bezmleczne, olej i wanilię i mieszaj tylko do połączenia.

4. Równomiernie rozłóż ciasto do foremek na muffiny. Umieść foremkę z muffinami na środkowej półce w piekarniku i piecz przez 15 minut.

5. Wyjąć z piekarnika i położyć na metalowej podstawce do ostygnięcia.

<u>Informacje o wartościach odżywczych:</u>Kalorie: 203, Tłuszcz: 9 g, Węglowodany: 26 g, Białko: 3 g, Cukry: 9,5 g, Sód: 255 mg

Świeży i Owocowy Perky Parfait

Porcje: 2

Czas gotowania: 0 minut

Składniki:

½ szklanki świeżych malin

Szczypta cynamonu

1 łyżeczka syropu klonowego

2 łyżki nasion chia

16 uncji. jogurt naturalny

Świeże owoce: pokrojone jeżyny, nektarynki lub truskawki<u>Wskazówki:</u>

1. Za pomocą widelca rozgnieść maliny w misce do uzyskania konsystencji dżemu. Dodaj cynamon, syrop i nasiona chia. Kontynuuj zacieranie, aż do połączenia wszystkich składników. Odłożyć na bok.

2. W dwóch szklankach ułóż naprzemiennie warstwy jogurtu i mieszanki.

Udekoruj plasterkami świeżych owoców.

<u>Informacje o wartościach odżywczych:</u>Kalorie 315 Tłuszcz: 8,7 g Białko: 19,6 g Sód: 164 mg Węglowodany ogółem: 45,8 g Błonnik pokarmowy: 6,5 g

Kremowy Tost z Łososiem Porcje: 2

Czas gotowania: 2 minuty

Składniki:

Tosty pełnoziarniste lub żytnie, dwie kromki

Czerwona cebula, drobno posiekana, dwie łyżki

Serek śmietankowy, niskotłuszczowy, dwie łyżki

Płatki bazylii, pół łyżeczki

Rukola lub szpinak, posiekany, pół szklanki

Wędzony łosoś, dwie uncje

Wskazówki:

1. Podpiecz chleb pszenny. Wymieszaj twarożek i bazylię i rozsmaruj tę mieszankę na grzance. Dodaj łososia, rukolę i cebulę.

Informacje o wartościach odżywczych: Kalorie 291 Tłuszcz 15,2 g Węglowodany 17,8

gram cukru 3 gramy

Bananowo-orzechowe pieczone płatki owsiane

Porcje: 9

Czas gotowania: 40 minut

Składniki:

Płatki owsiane – 2,25 szklanki

Rozgnieciony banan – 1 szklanka

Jajka – 2

Pasta daktylowa – 2 łyżki

Olej sojowy – 3 łyżki

Mleko migdałowe, niesłodzone – 1 szklanka

Ekstrakt waniliowy – 1 łyżeczka

Sól morska – 0,5 łyżeczki

Cynamon – 1 łyżeczka

Proszek do pieczenia – 1 łyżeczka

Orzechy włoskie posiekane – 0,5 szklanki

Wskazówki:

1. Rozgrzej piekarnik do temperatury 350 stopni Fahrenheita i natłuść lub wyłóż naczynie do pieczenia o wymiarach osiem na osiem pergaminem kuchennym, aby zapobiec przywieraniu.

2. W misce kuchennej wymieszaj pastę daktylową z rozgniecionym bananem, mlekiem migdałowym, jajkami, olejem sojowym i wanilią. Mieszaj tę mieszaninę, aż pasta daktylowa całkowicie połączy się z innymi składnikami bez grudek. Ale grudki z rozgniecionego banana są w porządku.

3. Wymieszaj płatki owsiane, cynamon, sól morską i proszek do pieczenia w mieszance bananów, a następnie delikatnie wymieszaj posiekane orzechy włoskie.

4. Po połączeniu bananowo-orzechowych płatków owsianych rozprowadź mieszankę na dnie przygotowanej formy do pieczenia i ustaw naczynie na środku gorącego piekarnika. Pozwól mu piec, aż owies nabierze złotego koloru i zestali się, około trzydziestu do trzydziestu pięciu minut. Wyjmij naczynie z pieczonych płatków owsianych z piekarnika i pozwól mu ostygnąć przez co najmniej pięć minut przed podaniem. Ciesz się solo lub ze świeżymi owocami i jogurtem.

Ziemniaczano-fasolowa zapiekanka Porcje: 4

Czas gotowania: 50 minut

Składniki:

Ziemniaki pokrojone w kostkę – 4 szklanki

Pieczarki pokrojone w plasterki – 0,5 szklanki

Papryka pokrojona w kostkę – 1

Cukinia pokrojona w kostkę – 1 szklanka

Żółta dynia pokrojona w kostkę – 1 szklanka

Gotowana fasola pinto – 1,75 szklanki

Czarny pieprz, mielony – 0,25 łyżeczki

Papryka mielona – 0,5 łyżeczki

Sól morska – 0,5 łyżeczki

Cebula w proszku – 1,5 łyżeczki

Czosnek w proszku – 1,5 łyżeczki

Wskazówki:

1. Rozgrzej piekarnik do 425 stopni Fahrenheita i ustaw dużą aluminiową blachę do pieczenia z pergaminem kuchennym.

2. Umieść pokrojone w kostkę ziemniaki na blasze do pieczenia i wymieszaj je z solą morską i czarnym pieprzem. Umieść przyprawione ziemniaki pokrojone w kostkę w piekarniku i piecz przez dwadzieścia pięć minut. Wyjąć ziemniaki i dobrze je wymieszać.

3. W międzyczasie wymieszaj pozostałe składniki na haszysz na dużej patelni nadającej się do piekarnika. Po wyrzuceniu częściowo upieczonych ziemniaków umieść patelnię ziemniaczaną i patelnię warzywną w piekarniku. Pozwól obu porcjom haszu piec się przez piętnaście dodatkowych minut.

4. Wyjmij patelnię i patelnię z piekarnika i wymieszaj zawartość patelni z pieczonymi ziemniakami. Podawać same lub z jajkami.

Brzoskwinie Z Miodowym Migdałem Ricotta

Porcje: 6

Czas gotowania: 0 minut

Składniki:

Rozpowszechnianie się

Ricotta, odtłuszczone mleko, jedna filiżanka

Kochanie, jedna łyżeczka

Migdały, cienkie plasterki, pół szklanki

Ekstrakt z migdałów, jedna czwarta łyżeczki

Służyć

Brzoskwinie, pokrojone, jedna filiżanka

Chleb, bajgiel pełnoziarnisty lub tost

Wskazówki:

1. Wymieszaj ekstrakt migdałowy, miód, ricottę i migdały. Rozłóż jedną łyżkę tej mieszanki na tostowym chlebie i przykryj brzoskwiniami.

Informacje o wartościach odżywczych: Kalorie 230 Białko 9 g Tłuszcz 8 g Węglowodany 37 Błonnik 3 g Cukier 34 g

chleb z cukinii

Porcje: 6

Czas gotowania: 70 minut

Składniki:

Mąka pełnoziarnista biała – 2 szklanki

Soda oczyszczona – 1 łyżeczka

Proszek do pieczenia – 2 łyżeczki

Sól morska – 0,5 łyżeczki

Cynamon mielony – 2 łyżeczki

Jajko, duże – 1

Ekstrakt waniliowy – 1 łyżeczka

Mus jabłkowy, niesłodzony – 0,5 szklanki

Cukinia starta – 2 szklanki

Słodzik z owoców mnicha Lakanto – 0,75 szklanki

Wskazówki:

1. Rozgrzej piekarnik do 350 stopni Fahrenheita i wyłóż blachę o wymiarach dziewięć na pięć cali pergaminem kuchennym lub natłuść.

2. W dużym kuchennym naczyniu wymieszaj mus jabłkowy, cukinię, ekstrakt waniliowy, słodzik z owoców mnicha, jajko i ekstrakt waniliowy. W osobnym naczyniu wymieszaj suche składniki, tak aby nie powstały grudki proszku do pieczenia lub sody.

3. Dodaj wymieszane suche składniki na chleb z cukinii do mokrych składników i delikatnie wymieszaj je razem, tylko do połączenia.

Zeskrobać naczynie do mieszania do czysta, wlewając zawartość do przygotowanej formy do pieczenia chleba.

4. Umieść bochenek chleba z cukinii w piekarniku i pozwól mu się upiec, aż całkowicie się upiecze. Jest gotowy, gdy po włożeniu wykałaczki można ją czysto wyjąć — około godziny.

5. Wyjmij formę do chleba z cukinii z piekarnika i pozostaw ją do ostygnięcia na dziesięć minut, a następnie wyjmij chleb z cukinii z formy i przenieś go na metalową podstawkę, aby dokończyć chłodzenie. Poczekaj, aż bochenek cukinii całkowicie ostygnie przed pokrojeniem.

Batony jabłkowo-cynamonowe Porcje: 4

Czas gotowania: 35 minut

Składniki:

Płatki owsiane – 1 szklanka

Cynamon mielony – 1 łyżeczka

Proszek do pieczenia – 0,5 łyżeczki

Soda oczyszczona – 0,5 łyżeczki

Ekstrakt waniliowy – 1 łyżeczka

Sól morska – 0,125 łyżeczki

Słodzik z owoców mnicha Lakanto – 3 łyżki Jabłko, obrane i pokrojone w kostkę – 1

Jogurt naturalny – 3 łyżki

Olej sojowy – 1 łyżka

Jajka – 2

Wskazówki:

1. Rozgrzej piekarnik do 350 stopni Fahrenheita i wyłóż kwadratowe naczynie do pieczenia o wymiarach osiem na osiem cali pergaminem kuchennym.

2. W blenderze dodaj trzy czwarte płatków owsianych i pozostałe składniki. Mieszaj do połączenia, a następnie użyj szpatułki, aby wymieszać z ostatnimi pozostałymi płatkami owsianymi. Wlej mieszaninę do przygotowanego naczynia do pieczenia, a następnie umieść je na środku piekarnika, aby piec, aż jabłkowo-cynamonowe batoniki się ugotują, około dwudziestu pięciu do trzydziestu minut. Batony są gotowe, gdy nóż lub wykałaczka zostaną włożone i wyjęte w czysty sposób.

3. Wyjmij batonik z jabłkami i cynamonem z piekarnika i pozwól batonom całkowicie ostygnąć, zanim pokroisz je i schłodzisz w lodówce.

Chociaż możesz jeść te batoniki w temperaturze pokojowej, najlepiej smakują, gdy najpierw pozwolisz im się schłodzić.

Babeczki Jagodowe Porcje: 10

Czas gotowania: 22-25 minut

Składniki:

2½ szklanki mąki migdałowej

1 łyżka mąki kokosowej

½ łyżeczki sody oczyszczonej

3 łyżki mielonego cynamonu, podzielone

Sól dla smaku

2 ekologiczne jajka

¼ szklanki mleka kokosowego

¼ szklanki oleju kokosowego

¼ szklanki syropu klonowego

1 łyżka organicznego aromatu waniliowego

1 szklanka świeżych jagód

Wskazówki:

1. Rozgrzej piekarnik do 350 stopni F. Nasmaruj 10 filiżanek dużej formy na muffinki.

2. W dużej misce wymieszaj mąki, sodę oczyszczoną, 2 łyżki cynamonu i sól.

3. W innej misce dodaj jajka, mleko, olej, syrop klonowy i wanilię i ubijaj, aż dobrze się połączą.

4. Dodaj mieszaninę jaj do mieszanki mąki i mieszaj, aż dobrze się połączą.

5. Złożyć jagody.

6. Umieść mieszankę równomiernie w przygotowanych foremkach na muffiny.

7. Równomiernie posypać cynamonem.

8. Piecz przez około 22-25 minut lub do momentu, aż wykałaczka wbita w środek wyjdzie czysta.

<u>Informacje o wartościach odżywczych:</u>Kalorie: 328, Tłuszcz: 11g, Węglowodany: 29g, Błonnik: 5g, Białko: 19g

Porcje smoothie jagodowego: 1

Czas gotowania: 0 minut

Składniki:

1 banan, obrany

2 garści szpinaku baby

1 łyżka masła migdałowego

½ szklanki jagód

¼ łyżeczki mielonego cynamonu

1 łyżeczka proszku maca

½ szklanki wody

½ szklanki mleka migdałowego, niesłodzonego

Wskazówki:

1. W blenderze zmiksuj szpinak z bananem, jagodami, masłem migdałowym, cynamonem, macą w proszku, wodą i mlekiem. Dobrze pulsuj, wlej do szklanki i podawaj.

2. Ciesz się!

Informacje o wartościach odżywczych: kalorie 341, tłuszcz 12, błonnik 11, węglowodany 54, białko 10

Słodkie ziemniaki faszerowane cynamonem

Porcje: 4

Czas gotowania: 10 minut

Składniki:

Słodkie ziemniaki pieczone – 4

Czerwone jabłka pokrojone w kostkę – 3

Woda – 0,25 szklanki

Sól morska – szczypta

Cynamon mielony – 1 łyżeczka

Goździki, mielone – 0,125 łyżeczki

Imbir, mielony – 0,5 łyżeczki

Posiekane orzechy pekan – 0,25 szklanki

Masło migdałowe – 0,25 szklanki

Wskazówki:

1. Na dużej nieprzywierającej patelni połącz jabłka z wodą, solą morską, przyprawami i pekanami. Przykryj jabłka ciasno dopasowaną pokrywką i gotuj na wolnym ogniu przez około pięć do siedmiu minut, aż będą miękkie.

Dokładny czas gotowania przyprawionych jabłek będzie zależał od wielkości plasterków jabłek i odmiany jabłek, których użyjesz.

2. Pokrój upieczone słodkie ziemniaki na pół i umieść każdą połówkę na talerzu do serwowania. Gdy jabłka będą gotowe, udekoruj nimi słodkie ziemniaki, a następnie skrop je masłem migdałowym.

Podawać jeszcze ciepłe.

Pomidory faszerowane jajkiem Porcje: 2

Czas gotowania: 40 minut

Składniki:

Pomidory, duże, dojrzałe – 2

Jajka – 2

Ser parmezan, tarty – 0,25 szklanki

Zielona cebula, pokrojona w plasterki – 3

Czosnek, posiekany – 2 ząbki

Natka pietruszki, świeża – 1 łyżka

Sól morska – 0,5 łyżeczki

Oliwa z oliwek extra vergine – 1 łyżka

Czarny pieprz, mielony – 0,5 łyżeczki

Wskazówki:

1. Rozgrzej piekarnik do 350 stopni Fahrenheita i przygotuj patelnię do gotowania w piekarniku.

2. Na desce do krojenia odetnij zaokrąglony wierzchołek pomidora otaczający łodygę. Łyżką delikatnie nabierz środek pomidora w miejscu, w którym go kroisz, i usuń nasiona owocu, odrzucając je.

Powinieneś zostać z osłonką owocu pomidora, bez nadmiaru płynu i nasion.

3. W kuchennym naczyniu wymieszaj sól morską, czarny pieprz i świeżą pietruszkę. Po połączeniu wsyp połowę mieszanki do każdego pomidora, dłonią lub łyżką, aby rozprowadzić przyprawy po wewnętrznej stronie pomidora.

4. Na patelni podgrzej czosnek i zieloną cebulę w oliwie z oliwek na średnim ogniu, aż będą miękkie i pachnące — około czterech do pięciu minut. Po zakończeniu wymieszaj z parmezanem i podziel mieszaninę między dwa pomidory, umieszczając ją w środku. Teraz, gdy patelnia jest pusta, przenieś pomidory z deski do krojenia na patelnię. Na koniec wbij po jednym jajku do każdego pomidora.

5. Umieść patelnię z nadziewanymi pomidorami w ciepłym piekarniku i pozwól jej się upiec, aż jajko się ugotuje, około dwudziestu pięciu do trzydziestu minut. Wyjmij naczynie z pomidorów faszerowanych jajkiem z piekarnika i podawaj na ciepło, same lub z tostowanym chlebem pełnoziarnistym.

Jajecznica z Jarmużem Porcje: 1

Czas gotowania: 10 minut

Składniki:

Oliwa z oliwek, dwie łyżki stołowe

Jarmuż, rozdrobniony, pół szklanki

Kiełki, pół szklanki

Czosnek, mielony, jedna łyżka stołowa

Czarny pieprz, jedna czwarta łyżeczki

Kurkuma, mielona, jedna łyżka stołowa

Jajka, dwa

Wskazówki:

1. Ubij jajka i dodaj kurkumę, czarny pieprz i czosnek.

Podsmaż jarmuż na oliwie z oliwek na średnim ogniu przez pięć minut, a następnie wlej to ciasto jajeczne na patelnię z jarmużem. Kontynuuj gotowanie, często mieszając, aż jajka się zetną. Udekoruj surowymi kiełkami i podawaj.

Informacje o wartościach odżywczych:Kalorie 137 tłuszcz 8,4 g węglowodany 7,9 g błonnik 4,8

gram cukru 1,8 grama białka 13,2 grama

Ser I Kiełbasa Zapiekanka Z Smaczne Marinara

Porcje: 6

Czas gotowania: 20 minut

Składniki:

½ łyżki oliwy z oliwek

½ funta kiełbasy

2,5 uncji sosu marinara

4 uncje rozdrobnionego parmezanu

4 uncje rozdrobnionego sera mozzarella

Wskazówki:

1. Włącz piekarnik, a następnie ustaw jego temperaturę na 375°F i pozwól mu się rozgrzać.

2. Weź naczynie żaroodporne, wysmaruj je olejem, włóż do niego połowę kiełbasy, wymieszaj i równomiernie rozłóż na dnie naczynia.

3. Połóż kiełbasę w naczyniu do pieczenia połową każdego sosu marinara, parmezanem i serem mozzarella, a następnie rozłóż pozostałą kiełbasę na wierzchu.

4. Ułóż kiełbasę warstwami pozostałego sosu marinara, parmezanu i sera mozzarella, a następnie piecz przez 20 minut, aż kiełbasa się ugotuje, a sery roztopią.

5. Po zakończeniu odstaw zapiekankę do całkowitego ostygnięcia, a następnie podziel ją równo pomiędzy sześć hermetycznych pojemników i przechowuj w lodówce do 12 dni.

6. Gdy będziesz gotowy do jedzenia, podgrzej zapiekankę w kuchence mikrofalowej, aż będzie gorąca i podawaj.

Informacje o wartościach odżywczych: Kalorie 353, Tłuszcz ogółem 24,3 g, Węglowodany ogółem 5,5 g, Białko 28,4, Cukier 5 g, Sód 902 mg

Golden Milk Pudding Chia Porcje: 4

Czas gotowania: 0 minut

Składniki:

4 szklanki mleka kokosowego

3 łyżki miodu

1 łyżeczka ekstraktu waniliowego

1 łyżeczka mielonej kurkumy

½ łyżeczki mielonego cynamonu

½ łyżeczki mielonego imbiru

¾ szklanki jogurtu kokosowego

½ szklanki nasion chia

1 szklanka świeżych mieszanych jagód

¼ szklanki prażonych chipsów kokosowych

Wskazówki:

1. W misce wymieszaj mleko kokosowe, miód, ekstrakt waniliowy, kurkumę, cynamon i imbir. Dodać jogurt kokosowy.

2. W miseczkach umieść nasiona chia, jagody i wiórki kokosowe.

3. Wlej mieszankę mleczną.

4. Pozostawić do schłodzenia w lodówce na 6 godzin.

Informacje o wartościach odżywczych:Kalorie 337 Tłuszcz ogółem 11 g Tłuszcze nasycone 2 g Węglowodany ogółem 51 g Węglowodany netto 49 g Białko 10 g Cukier: 29 g Błonnik: 2 g Sód: 262 mg Potas 508 mg

Ciasto Marchewkowe Nocne Owsiane Porcje: 2

Czas gotowania: 1 minuta

Składniki:

Mleko kokosowe lub migdałowe, jedna szklanka

Nasiona chia, jedna łyżka stołowa

Cynamon, mielony, jedna łyżeczka

Rodzynki, pół szklanki

Serek śmietankowy, niskotłuszczowy, dwie łyżki stołowe w temperaturze pokojowej Marchew, jedną dużą skórkę i posiekać

Kochanie, dwie łyżki stołowe

Wanilia, jedna łyżeczka

Wskazówki:

1. Wymieszaj wszystkie wymienione produkty i przechowuj je w bezpiecznym pojemniku w lodówce przez noc. Zjedz rano na zimno. Jeśli zdecydujesz się to podgrzać, po prostu podgrzewaj przez minutę w kuchence mikrofalowej i dobrze wymieszaj przed jedzeniem.

<u>Informacje o wartościach odżywczych:</u> Kalorie 340 cukier 32 gramy białka 8 gramów tłuszczu 4 gramów błonnika 9 gramów węglowodanów 70 gramów

Naleśniki Miodowe Porcje: 2

Czas gotowania: 5 minut

Składniki:

½ szklanki mąki migdałowej

2 łyżki mąki kokosowej

1 łyżka mielonego siemienia lnianego

¼ łyżeczki sody oczyszczonej

½ łyżki mielonego imbiru

½ łyżki mielonej gałki muszkatołowej

½ łyżki mielonego cynamonu

½ łyżeczki mielonych goździków

Szczypta soli

2 łyżki ekologicznego miodu

¾ szklanki organicznych białek jaj

½ łyżeczki organicznego ekstraktu waniliowego

Olej kokosowy wedle uznania

Wskazówki:

1. W dużej misce wymieszaj mąki, siemię lniane, sodę oczyszczoną, przyprawy i sól.

2. W innej misce dodaj miód, białka jajek i wanilię i ubijaj, aż dobrze się połączą.

3. Dodaj mieszaninę jaj do mieszanki mąki i mieszaj, aż dobrze się połączą.

4. Lekko nasmaruj olejem dużą patelnię z nieprzywierającą powłoką i rozgrzej ją na średnim ogniu.

5. Dodaj około ¼ szklanki mieszanki i przechyl patelnię, aby równomiernie rozprowadzić ją na patelni.

6. Gotuj przez około 3-4 minuty.

7. Ostrożnie dostosuj stronę i smaż jeszcze około 1 minuty.

8. Powtórz z pozostałą mieszanką.

9. Podawaj z wybranym dodatkiem.

Informacje o wartościach odżywczych:Kalorie: 291, Tłuszcz: 8g, Węglowodany: 26g, Błonnik: 4g, Białko: 23g

Naleśniki bezglutenowe Porcje: 10

Czas gotowania: 30 minut

Składniki:

opcja 1

Robienie naleśników z bezglutenowej i bezgumowej mieszanki waflowo-naleśnikowej

3 łyżki cukru

1 1/2 szklanki bezglutenowej mieszanki naleśników

1 szklanka zimnej wody

2 jajka

2 łyżki masła, stopionego

Opcja 2

Robienie naleśników z ulubionej mieszanki mąki bezglutenowej i bez gumy:

2 łyżki masła, stopionego

3 łyżki cukru

1 szklanka zimnej wody

2 łyżki zimnej wody

2 jajka

1 1/2 szklanki mąki bezglutenowej

1/2 łyżeczki bezglutenowego proszku do pieczenia lub wymieszaj sodę oczyszczoną i krem z kamienia nazębnego w równych częściach

1/2 łyżeczki ekstraktu waniliowego

Wskazówki:

1. W dużej misce wymieszaj wszystkie składniki na naleśniki i mieszaj, aż grudki się rozpuszczą. Pozostaw mieszaninę w temperaturze pokojowej na około 15 minut. Po 15 minutach zgęstnieje.

2. Rozgrzej patelnię do bardzo wysokiej temperatury, spryskaj ją olejem w sprayu i wlej niewielką ilość ciasta na patelnię za pomocą łyżki do zupy lub 1/4

miarkę, obracając patelnię z boku.

3. Pozwól, aby ta cienka warstwa ciasta naleśnikowego smażyła się przez 1, 2 lub 3 minuty, następnie przewróć naleśnik na drugą stronę i smaż jeszcze przez minutę.

Informacje o wartościach odżywczych:Kalorie 100 Węglowodany: 14g Tłuszcz: 4g Białko: 3g

Ryż Marchewkowy Z Jajecznicą Porcje: 3

Czas gotowania: 3 godziny

Składniki:

Do Słodkiego Sosu Sojowego Tamari

3 łyżki sosu tamari (bezglutenowy)

1 łyżka wody

2-3 łyżki melasy

Do pikantnych mieszanek

3 ząbki czosnku

1 mała szalotka (pokrojona)

2 długie czerwone chili

Szczypta mielonego imbiru

Ryż Marchewkowy:

2 łyżki oleju sezamowego

5 jajek

4 duże marchewki

8 uncji kiełbasy (z kurczaka lub dowolnej – bezglutenowej i mielonej).

1 łyżka słodkiego sosu sojowego

1 szklanka kiełków fasoli

1/2 szklanki drobno pokrojonych w kostkę brokułów

sól i pieprz do smaku

Do przybrania:

Kolendra

Azjatycki sos chilli

ziarenka sezamu

Wskazówki:

1. Na sos:

2. W rondlu na dużym ogniu zagotować melasę, wodę i tamari.

3. Po zagotowaniu sosu zmniejsz płomień i gotuj, aż melasa całkowicie się rozpuści.

4. Umieść sos w osobnej misce.

5. Ryż Marchewkowy:

6. W misce połącz imbir, czosnek, cebulę i czerwone chilli.

7. Aby zrobić ryż z marchwi, spiralizuj marchewki w spiralizatorze.

8. Zmiel spiralną marchewkę w robocie kuchennym.

9. Pokrój brokuły na małe kostki jak kawałki. 10. Dodaj kiełbasę, marchewkę, brokuły i kiełki fasoli do miski z cebulą, imbirem, czosnkiem i chilli.

11. Dodaj pikantną mieszankę warzyw i sos tamari do wolnowaru.

12. Ustaw szybkowar na dużym ogniu na 3 godziny lub na małym ogniu na 6 godzin.

13. Wbij dwa jajka na nieprzywierającą patelnię lub patelnię.

14. Wyłóż marchewkowy ryż i dodaj na wierzch jajecznicę.

15. Udekoruj sezamem, azjatyckim sosem chili i kolendrą.

<u>Informacje o wartościach odżywczych:</u>Kalorie 230 mg Tłuszcz ogółem: 13,7 g Węglowodany: 15,9 g Białko: 12,2 g Cukier: 8 g Błonnik: 4,4 g Sód: 1060 mg Cholesterol: 239 mg

Porcje haszyszu ze słodkich ziemniaków: 6

Czas gotowania: 15 minut

Składniki:

2 słodkie ziemniaki, pokrojone w kostkę

2 łyżki oliwy z oliwek

1 łyżka papryki

1 łyżeczka suszonego koperku

pieprz do smaku

Wskazówki:

1. Rozgrzej frytkownicę do 400 stopni F.

2. Połącz wszystkie składniki w misce.

3. Przenieś do frytownicy.

4. Gotuj przez 15 minut, mieszając co 5 minut.

Babeczki Jajeczne Z Fetą I Quinoa Porcje: 12

Czas gotowania: 30 minut

Składniki:

Jajka, osiem

Pomidory, posiekane, jedna szklanka

Sól, jedna czwarta łyżeczki

Ser feta, jedna szklanka

Quinoa, jedna filiżanka ugotowana

oliwa z oliwek, dwie łyżeczki

Oregano, świeży kotlet, jedna łyżka

Czarne oliwki, posiekane, jedna czwarta filiżanki

Cebula, posiekana, jedna czwarta szklanki

Szpinak baby, posiekany, dwie szklanki

Wskazówki:

1. Rozgrzej piekarnik do 350. Spryskaj olejem formę na muffinki z dwunastoma filiżankami. Gotuj szpinak, oregano, oliwki, cebulę i pomidory

przez pięć minut w oliwie z oliwek na średnim ogniu. Ubij jajka. Dodaj ugotowaną mieszankę warzyw do jajek z serem i solą. Łyżką przełożyć masę do foremek na muffinki. Piec trzydzieści minut. W lodówce pozostaną świeże przez dwa dni. Aby zjeść, wystarczy zawinąć w papierowy ręcznik i podgrzać w kuchence mikrofalowej przez trzydzieści sekund.

Informacje o wartościach odżywczych:Kalorie 113 węglowodanów 5 gramów białka 6 gramów tłuszczu 7

gram cukru 1 gram

Pikantne naleśniki z ciecierzycy Porcje: 1

Czas gotowania: 15 minut

Składniki:

Woda – 0,5 szklanki plus 2 łyżki stołowe

Cebula pokrojona w drobną kostkę – 0,25 szklanki

Papryka drobno pokrojona – 0,25 szklanki

Mąka z ciecierzycy – 0,5 szklanki

Proszek do pieczenia – 0,25 łyżeczki

Sól morska – 0,25 łyżeczki

Czosnek w proszku – 0,25 łyżeczki

Płatki czerwonej papryki – 0,125 łyżeczki

Czarny pieprz, mielony – 0,125 łyżeczki

Wskazówki:

1. Rozgrzej 10-calową nieprzywierającą patelnię na średnim ogniu, przygotowując ciasto na naleśniki z ciecierzycy.

2. W kuchennym naczyniu wymieszaj mąkę z ciecierzycy z proszkiem do pieczenia i przyprawami. Po połączeniu wlej wodę i energicznie mieszaj przez piętnaście do trzydziestu sekund, aby ubić dużo pęcherzyków powietrza w cieście z ciecierzycy i rozbić i grudki.

Wymieszaj pokrojoną w kostkę cebulę i paprykę.

3. Gdy patelnia się rozgrzeje, wlej na nią całe ciasto naraz, aby uformować jeden duży naleśnik. Poruszaj patelnią okrężnymi ruchami, aby równomiernie rozprowadzić ciasto na całym dnie patelni, a następnie pozostaw ją w spokoju.

4. Gotuj naleśnik z ciecierzycy, aż będzie gotowy i można go łatwo przewrócić bez łamania, około pięciu do siedmiu minut. Spód powinien być złotobrązowy. Ostrożnie odwróć pikantny naleśnik z ciecierzycy dużą szpachelką i pozwól drugiej stronie gotować przez dodatkowe pięć minut.

5. Zdejmij patelnię z pikantnym naleśnikiem z ciecierzycy z ognia i przenieś naleśnik na talerz, zachowując go w całości lub krojąc w kliny. Podawaj z ulubionymi pikantnymi sosami i dipami.

Pyszne porcje mleka kurkumowego: 2

Czas gotowania: 5 minut

Składniki:

1½ szklanki mleka kokosowego, niesłodzonego

1½ szklanki mleka migdałowego, niesłodzonego

¼ łyżeczki mielonego imbiru

1½ łyżeczki mielonej kurkumy

1 łyżka oleju kokosowego

¼ łyżeczki mielonego cynamonu

Wskazówki:

1. Mleko kokosowe i migdałowe umieść w małym rondelku i podgrzej na średnim ogniu, dodaj imbir, olej, kurkumę i cynamon. Wymieszaj i gotuj przez 5 minut, rozłóż do miseczek i podawaj.

2. Ciesz się!

<u>Informacje o wartościach odżywczych:</u>kalorie 171, tłuszcz 3, błonnik 4, węglowodany 6, białko 7

Zielona Shakshuka Porcje: 4

Czas gotowania: 25 minut

Składniki:

2 łyżki oliwy z oliwek extra vergine

1 cebula, posiekana

2 ząbki czosnku, posiekane

1 jalapeño, wypestkowane i posiekane

1 funt szpinaku (rozmrożony, jeśli zamrożony)

1 łyżeczka suszonego kminku

¾ łyżeczki kolendry

Sól i świeżo mielony czarny pieprz

2 łyżki harissy

½ szklanki bulionu warzywnego

8 dużych jaj

Posiekana świeża natka pietruszki, ile potrzeba do podania Posiekana świeża kolendra, ile potrzeba do podania Płatki czerwonej papryki, ile potrzeba do podania

Wskazówki:

1. Rozgrzej piekarnik do 350 ° F.

2. Rozgrzej oliwę z oliwek na dużej, nadającej się do piekarnika patelni na średnim ogniu. Dodaj cebulę i smaż przez 4 do 5 minut. Wmieszaj czosnek i jalapeño, a następnie smaż jeszcze 1 minutę, aż zacznie pachnieć.

3. Dodaj szpinak i gotuj, aż całkowicie zwiędnie, jeśli jest świeży, od 4 do 5 minut lub od 1 do 2 minut, jeśli jest rozmrożony, aż się podgrzeje.

4. Dopraw kminkiem, pieprzem, kolendrą, solą i harissą. Gotuj przez około 1 minutę, aż zacznie pachnieć.

5. Przełóż miksturę do miski robota kuchennego lub blendera i zmiksuj, aż będzie gruba. Połącz bulion i puree, aż będzie gładkie i gęste.

6. Wytrzyj patelnię i odkurz ją nieprzywierającym sprayem do gotowania. Wlej mieszaninę szpinaku z powrotem do garnka i zrób osiem okrągłych zagłębień drewnianą łyżką.

7. Delikatnie rozbij jajka w rurach. Włóż patelnię do piekarnika i gotuj przez 20 do 25 minut, aż białka jaj całkowicie się zetną, ale żółtka nadal będą się lekko trząść.

8. Szakszuka posypać natką pietruszki, kolendrą i czerwoną papryką do smaku. Podawaj od razu.

Informacje o wartościach odżywczych:251 kalorii 17 g tłuszczu 10 g węglowodanów 17 g białka 3 g cukrów

Chleb Białkowy Quinoa Porcje: 12

Czas gotowania: 1 godzina, 45 minut

Składniki:

Mąka z ciecierzycy – 1 szklanka

Prażona mąka z komosy ryżowej – 1 szklanka

Skrobia ziemniaczana – 1 szklanka

Mąka z sorgo – 1 szklanka

Guma ksantanowa – 2 łyżeczki

Sól morska – 1 łyżeczka

Woda, ciepła – 1,5 szklanki

Aktywne suche drożdże – 1,5 łyżeczki

Pasta daktylowa – 2 łyżki

mak – 1 łyżka

Pestki słonecznika – 1 łyżka

Pepitas – 2 łyżki

Olej z awokado – 3 łyżki

Jajka, temperatura pokojowa – 3

Wskazówki:

1. Przygotuj formę do pieczenia chleba o wymiarach dziewięć na pięć cali, wykładając ją pergaminem kuchennym, a następnie lekko natłuszczając.

2. W kuchennym naczyniu wymieszaj ciepłą wodę, pastę daktylową i drożdże, aż zawartość całkowicie się rozpuści. Pozostaw tę mieszaninę na chlebie quinoa przez pięć do dziesięciu minut, aż drożdże zaczną bąbelkować i nabrzmiewać — należy to robić w ciepłym otoczeniu.

3. W międzyczasie w większym naczyniu do mieszania, najlepiej w mikserze stojącym, wymieszaj mąki, skrobię, gumę ksantanową i sól morską, aż się połączą. Na koniec w małym naczyniu wymieszaj olej z awokado i jajka. Odłóż je na bok, czekając, aż drożdże zakończą kwitnienie.

4. Gdy drożdże zakwitną, ustaw mikser stojący z mieszanką mąki na niskie obroty i wlej mieszaninę drożdży. Pozwól mikserowi stojącemu z nasadką łopatkową połączyć płyn i mąkę przez kilka chwil przed dodaniem mieszanki jaj i oleju. Kontynuuj, pozwalając tej mieszaninie łączyć się przez dwie minuty, aż utworzy spoistość

kulka ciasta. Dodaj nasiona do ciasta i miksuj jeszcze przez minutę na średnich obrotach. Należy pamiętać, że ciasto będzie bardziej wilgotne i mniej elastyczne niż ciasto z tradycyjnej mąki, ponieważ nie zawiera glutenu.

5. Wlej białkowe ciasto z komosy ryżowej do przygotowanej formy, przykryj plastikowym blatem kuchennym lub czystą, wilgotną szmatką i pozostaw do wyrośnięcia w ciepłym miejscu bez przeciągów, aż podwoi swoją objętość – około czterdziestu minut.

W międzyczasie rozgrzej piekarnik do 375 stopni Fahrenheita.

6. Umieść wyrośnięty bochenek na środku piekarnika i pozwól mu się upiec, aż będzie upieczony i złocistobrązowy. Kiedy pukasz w bochenek proteinowego chleba z komosy ryżowej, powinien wydawać głuchy dźwięk. Wyjmij formę do chleba z białka komosy ryżowej z piekarnika i pozostaw ją do ostygnięcia na pięć minut, a następnie wyjmij chleb z białka komosy ryżowej z formy do pieczenia i przenieś go na metalową podstawkę, aby dokończyć chłodzenie. Pozwól bochenkowi chleba quinoa całkowicie ostygnąć przed krojeniem.

Muffinki z marchewką i kokosem Porcje: 12

Czas gotowania: 20-22 minut

Składniki:

2 szklanki blanszowanej mąki migdałowej

½ szklanki niesłodzonych wiórków kokosowych

1 łyżeczka sody oczyszczonej

½ łyżeczki ziela angielskiego

½ łyżeczki mielonego imbiru

Szczypta mielonych goździków

Sól dla smaku

3 ekologiczne jajka

½ szklanki ekologicznego miodu

½ szklanki oleju kokosowego

1 szklanka marchwi, obranej i startej na tarce

2 łyżki świeżego imbiru, obranego i startego ¾ szklanki rodzynek, namoczonych w wodzie przez 15 minut i odsączonychWskazówki:

1. Rozgrzej piekarnik do 350 stopni F. Nasmaruj 12 filiżanek dużej formy na muffinki.

2. W sporej misce wymieszaj mąkę, wiórki kokosowe, sodę oczyszczoną, przyprawy i sól.

3. W innej misce dodaj jajka, miód i olej i ubijaj, aż dobrze się połączą.

4. Dodaj mieszaninę jaj do mieszanki mąki i mieszaj, aż dobrze się połączą.

5. Złóż marchewkę, imbir i rodzynki.

6. Umieść mieszankę równomiernie w przygotowanych foremkach na muffiny.

7. Piec około 20-22 minut lub do momentu, aż wykałaczka wbita w środek ciasta będzie czysta.

<u>Informacje o wartościach odżywczych:</u>Kalorie: 352, Tłuszcz: 13g, Węglowodany: 33g, Błonnik: 9g, Białko: 15g

Gorąca owsianka z miodem Porcje: 4

Składniki:

¼ c. Miód

½ w. płatki owsiane

3 w. gotująca się woda

¾ w. kasza bulgur

Wskazówki:

1. Umieść kaszę bulgur i płatki owsiane w rondlu. Dodać wrzącą wodę i mieszać do połączenia.

2. Postaw patelnię na dużym ogniu i zagotuj. Po zagotowaniu zmniejsz ogień do niskiego, a następnie przykryj i gotuj na wolnym ogniu przez 10 minut, od czasu do czasu mieszając.

3. Zdjąć z ognia, wymieszać z miodem i natychmiast podawać.

Informacje o wartościach odżywczych:Kalorie: 172, Tłuszcz:1 g, Węglowodany:40 g, Białko:4 g, Cukry:5 g, Sód:20 mg

Porcje sałatki śniadaniowej: 4

Czas gotowania: 0 minut

Składniki:

27 uncji sałatki z jarmużu zmieszanej z suszonymi owocami 1 ½ szklanki jagód

15 uncji buraków, ugotowanych, obranych i pokrojonych w kostkę

¼ szklanki oliwy z oliwek

2 łyżki octu jabłkowego

1 łyżeczka kurkumy w proszku

1 łyżka soku z cytryny

1 ząbek czosnku, posiekany

1 łyżeczka świeżego startego imbiru

Szczypta czarnego pieprzu

Wskazówki:

1. W salaterce wymieszaj jarmuż i suszone owoce z burakami i jagodami. W osobnej misce wymieszaj olej z octem, kurkumą, sokiem z cytryny,

czosnkiem, imbirem i szczyptą czarnego pieprzu, dobrze wymieszaj, a następnie polej sałatkę, wymieszaj i podawaj.

2. Ciesz się!

Informacje o wartościach odżywczych:kalorie 188, tłuszcz 4, błonnik 6, węglowodany 14, białko 7

Szybka Quinoa Z Cynamonem I Chia Porcje: 2

Czas gotowania: 3 minuty

Składniki:

2 filiżanki komosy ryżowej, wstępnie ugotowanej

1 szklanka mleka z nerkowców

½ łyżeczki mielonego cynamonu

1 szklanka świeżych jagód

¼ szklanki orzechów włoskich, prażonych

2 łyżeczki surowego miodu

1-łyżka nasion chia

Wskazówki:

1. Na średnim ogniu dodaj komosę ryżową i mleko nerkowca do rondla. Wymieszać z cynamonem, jagodami i orzechami włoskimi. Gotuj powoli przez trzy minuty.

2. Zdejmij patelnię z ognia. Wmieszać miód. Przed podaniem udekoruj nasionami chia.

Informacje o wartościach odżywczych: Kalorie 887 Tłuszcz: 29,5 g Białko: 44.

Sód: 85 mg Węglowodany ogółem: 129,3 g Błonnik pokarmowy: 18,5 g

Bezzbożowe gofry ze słodkich ziemniaków

Porcje: 2

Czas gotowania: 15 minut

Składniki:

Słodkie ziemniaki, rozdrobnione – 3 szklanki

Mąka kokosowa – 2 łyżki

Maranta – 1 łyżka

Jajka – 2

Olej sojowy – 1 łyżka

Cynamon mielony – 0,5 łyżeczki

Gałka muszkatołowa, mielona – 0,25 łyżeczki

Sól morska – 0,25 łyżeczki

Pasta daktylowa – 1 łyżka

Wskazówki:

1. Przed zmiksowaniem gofrów rozgrzej gofrownicę.

2. W misce wymieszaj jajka, olej sojowy i pastę daktylową, aż się połączą. Dodaj pozostałe składniki i mieszaj, aż wszystkie składniki zostaną równomiernie rozprowadzone.

3. Nasmaruj rozgrzaną gofrownicę i dodaj trochę ciasta.

Zamknij żelazko i pozwól gofrowi gotować się na złoty kolor, około sześciu do siedmiu minut. Po tym czasie wyjąć gofra widelcem, a następnie w ten sam sposób upiec drugą połowę ciasta.

4. Bezzbożowe gofry z batatów podawaj na gorąco z ulubionymi dodatkami, takimi jak jogurt i świeże jagody, kompot owocowy lub syrop Lakanto's mnich o smaku klonowym.

Frittata z komosą ryżową i szparagami Porcje: 3

Czas gotowania: 30 minut

Składniki:

2 łyżki oliwy z oliwek

1 szklanka pokrojonych pieczarek

1 szklanka szparagów, pokrojonych na 1-calowe kawałki

½ szklanki posiekanego pomidora

6 dużych jaj z chowu pastwiskowego

2 duże białka jaj, hodowane na pastwisku

¼ szklanki mleka bezmlecznego

1 szklanka komosy ryżowej, ugotowanej według opakowania 3 łyżki posiekanej bazylii

1 łyżka posiekanej natki pietruszki, udekorować

Sól i pieprz do smaku

Wskazówki:

1. Rozgrzej piekarnik do 3500F.

2. Na patelni rozgrzej oliwę z oliwek na średnim ogniu.

3. Wymieszaj z grzybami i szparagami.

4. Dopraw solą i pieprzem do smaku. Smaż przez 7 minut lub do momentu, aż grzyby i szparagi się zrumienią.

5. Dodaj pomidory i gotuj przez kolejne 3 minuty. Odłożyć na bok.

6. W międzyczasie wymieszaj w misce jajka, białko i mleko.

Odłożyć na bok.

7. Umieść komosę ryżową w naczyniu do pieczenia i posyp mieszanką warzyw. Wlać masę jajeczną.

8. Wstaw do piekarnika i piecz przez 20 minut, aż jajka się zetną.

Informacje o wartościach odżywczych:Kalorie 450 Tłuszcz ogółem 37 g Tłuszcze nasycone 5 g Węglowodany ogółem 17 g Węglowodany netto 14 g Białko 12 g Cukier: 2 g Błonnik: 3 g Sód: 60 mg Potas 349 mg

Huevos Rancheros Porcje: 3

Czas gotowania: 20 minut

Składniki:

Jajka – 6

Tortille kukurydziane, małe – 6

Smażona fasola – 1,5 szklanki

Pokrojone w kostkę zielone papryczki chili z puszki – 4 uncje

Pieczone pomidory w puszkach – 14,5 uncji

Awokado pokrojone w plasterki – 1

Czosnek, posiekany – 2 ząbki

Kolendra, posiekana – 0,5 szklanki

Cebula pokrojona w kostkę – 0,5

Sól morska – 0,5 łyżeczki

kminek mielony – 0,5 łyżeczki

Oliwa z oliwek extra vergine – 1 łyżeczka

Czarny pieprz, mielony – 0,25 łyżeczki

Wskazówki:

1. W rondlu gotuj przez pięć minut pieczone pomidory, zielone papryczki chilli, sól morską, kminek i czarny pieprz.

2. W międzyczasie podsmaż cebulę i oliwę z oliwek na dużej patelni, dodając czosnek w ostatniej minucie gotowania – w sumie około pięciu minut.

3. Usmaż jajka na patelni zgodnie z własnymi preferencjami kulinarnymi; podgrzej smażoną fasolę i podgrzej tortille.

4. Aby podać, nałóż na tortille smażoną fasolę, pomidory, cebulę i jajka. Na wierzchu połóż awokado i kolendrę, a następnie ciesz się świeżym i gorącym. Jeśli chcesz, możesz dodać trochę salsy, sera lub kwaśnej śmietany.

Omlet ze szpinakiem i grzybami Porcje: 2

Czas gotowania: 15 minut

Składniki:

Oliwa z oliwek, jedna łyżka stołowa + jedna łyżka stołowa

Szpinak, świeży, posiekany, półtorej szklanki Zielona cebula, jedna pokrojona w kostkę

Jajka, trzy

Ser feta, jedna uncja

Pieczarki, guziki, pięć plasterków

Czerwona cebula, pokrojona w kostkę, jedna czwarta szklanki

Wskazówki:

1. Podsmaż grzyby, cebulę i szpinak przez trzy minuty na jednej łyżce oliwy z oliwek i odstaw na bok. Dobrze ubij jajka i gotuj je na drugiej łyżce oliwy z oliwek przez trzy do czterech minut, aż brzegi zaczną się rumienić. Połowę omleta posyp pozostałymi składnikami, a drugą połówkę zawiń na podsmażonych składnikach. Gotuj przez minutę z każdej strony.

Informacje o wartościach odżywczych:Kalorie 337 tłuszczu 25 gramów białka 22 gramy węglowodanów 5,4 grama cukru 1,3 grama błonnika 1 gram

Gofry dyniowo-bananowe Porcje: 4

Czas gotowania: 5 minut

Składniki:

½ szklanki mąki migdałowej

½ szklanki mąki kokosowej

1 łyżeczka sody oczyszczonej

1½ łyżeczki mielonego cynamonu

¾ łyżeczki mielonego imbiru

½ łyżeczki mielonych goździków

½ łyżeczki mielonej gałki muszkatołowej

Sól dla smaku

2 łyżki oliwy z oliwek

5 dużych ekologicznych jaj

¾ szklanki mleka migdałowego

½ szklanki puree z dyni

2 średnie banany, obrane i pokrojone w plasterki

Wskazówki:

1. Rozgrzej gofrownicę, a następnie nasmaruj ją.

2. W sporej misce wymieszaj mąki, sodę oczyszczoną i przyprawy.

3. W blenderze dodaj pozostałe składniki i zmiksuj na gładką masę.

4. Dodaj mąkę i mieszaj pulsacyjnie

5. Do nagrzanej gofrownicy dodać wymaganą ilość mieszanki.

6. Gotuj około 4-5 minut.

7. Powtórz z pozostałą mieszanką.

<u>Informacje o wartościach odżywczych:</u>Kalorie: 357,2, Tłuszcz: 28,5 g, Węglowodany: 19,7 g, Błonnik: 4 g, Białko: 14 g

Jajecznica Z Wędzonym Łososiem Porcje: 2

Czas gotowania: 10 minut

Składniki:

4 jajka

2 łyżki mleka kokosowego

Świeży szczypiorek, posiekany

4 plastry wędzonego łososia z dzikiego połowu, posiekany Sól do smaku

Wskazówki:

1. W misce ubij jajko, mleko kokosowe i szczypiorek.

2. Nasmaruj patelnię olejem i rozgrzej na średnim ogniu.

3. Wlewamy masę jajeczną i gotujemy jajecznicę.

4. Gdy jajka zaczną się ścinać, dodaj wędzonego łososia i gotuj jeszcze przez 2 minuty.

Informacje o wartościach odżywczych: Kalorie 349 Tłuszcz ogółem 23 g Tłuszcze nasycone 4 g Węglowodany ogółem 3 g Węglowodany netto 1 g Białko 29 g Cukier: 2 g Błonnik: 2 g Sód: 466 mg Potas 536 mg

Kremowe Parmezanowe Risotto Z Pieczarkami I Kalafiorem

Porcje: 2

Czas gotowania: 18 minut

Składniki:

1 ząbek czosnku, obrany, pokrojony w plasterki

½ szklanki gęstej śmietany

½ szklanki kalafiora, ryżu

½ szklanki pieczarek pokrojonych w plasterki

Olej kokosowy, do smażenia

Parmezan, tarty, do posypania

Wskazówki:

1. Weź patelnię, postaw ją na średnim ogniu, dodaj olej kokosowy, a gdy się roztopi, dodaj czosnek i grzyby i smaż przez 4

minut lub do smażenia.

2. Następnie dodaj kalafior i śmietanę na patelnię, dobrze wymieszaj i gotuj na wolnym ogniu przez 12 minut.

3. Przełóż risotto na talerz, posyp serem i podawaj.

Informacje o wartościach odżywczych:Kalorie 179, tłuszcz ogółem 17,8 g, węglowodany ogółem 4,4 g, białko 2,8 g, cukier 2,1 g, sód 61 mg

Pieczone Brokuły Ranczo Z Cheddarem Porcje: 2

Czas gotowania: 30 minut

Składniki:

1½ szklanki różyczek brokułów

Sól i świeżo zmielony czarny pieprz do smaku 1/8 szklanki sosu ranczo

1/8 szklanki ciężkiej śmietany do ubijania

¼ szklanki rozdrobnionego ostrego sera cheddar

1 łyżka oliwy z oliwek

Wskazówki:

1. Włącz piekarnik, a następnie ustaw jego temperaturę na 375°F i pozwól mu się rozgrzać.

2. W międzyczasie weź średnią miskę, dodaj do niej różyczki wraz z pozostałymi składnikami i mieszaj, aż dobrze się połączą.

3. Weź naczynie żaroodporne, posmaruj je olejem, włóż do przygotowanej mieszanki i piecz przez 30 minut, aż się ładnie zetnie.

4. Po zakończeniu odstaw zapiekankę do ostygnięcia na 5 minut, a następnie podawaj.

Informacje o wartościach odżywczych:Kalorie 111, tłuszcz ogółem 7,7 g, węglowodany ogółem 5,7 g, białko 5,8 g, cukier 1,6 g, sód 198 mg

Energetyczna owsianka proteinowa Porcje: 2

Czas gotowania: 8 minut

Składniki:

¼ szklanki połówek orzecha włoskiego lub pekanu, grubo posiekanych ¼ szklanki prażonych orzechów kokosowych, niesłodzonych

2 łyżki nasion konopi

2 łyżki całych nasion chia

¾ szklanki mleka migdałowego, niesłodzonego

¼ szklanki mleka kokosowego

¼ szklanki masła migdałowego, prażonego

½ łyżeczki kurkumy, mielonej

1 łyżka oleju kokosowego extra virgin lub oleju MCT

2 łyżki erytrytolu lub 5-10 kropli płynnej stewii (opcjonalnie) Szczypta mielonego czarnego pieprzu

½ łyżeczki cynamonu lub ½ łyżeczki proszku waniliowego

Wskazówki:

1. Orzechy włoskie, wiórki kokosowe i nasiona konopi umieścić w gorącym rondlu. Piecz mieszankę przez 2 minuty lub do momentu, aż zacznie pachnieć. Zamieszaj kilka razy, aby zapobiec spaleniu. Upieczoną mieszankę przełożyć do miski. Odłożyć na bok.

2. Połącz mleko migdałowe i kokosowe w małym rondelku ustawionym na średnim ogniu. Podgrzej mieszaninę.

3. Po podgrzaniu, ale nie gotowaniu, wyłącz ogrzewanie. Dodać wszystkie pozostałe składniki. Dobrze wymieszaj, aż do dokładnego połączenia. Odstawić na 10 minut.

4. Połącz połowę prażonej mieszanki z owsianką. Przełóż owsiankę do dwóch miseczek. Posyp każdą miskę pozostałą połową prażonej mieszanki i cynamonem w proszku. Od razu podawaj owsiankę.

<u>Informacje o wartościach odżywczych:</u>Kalorie 572 Tłuszcz: 19 g Białko: 28,6 g Sód: 87 mg Węglowodany ogółem: 81,5 g Błonnik pokarmowy: 10 g

Owsianka z mango i kokosem Porcje: 1

Składniki:

½ w. mleko kokosowe

Sól koszerna

1 w. staromodne płatki owsiane

1/3 w. świeże posiekane mango

2 łyżki. Niesłodzone płatki kokosowe

Wskazówki:

1. Doprowadź mleko do wrzenia w średnim rondlu na dużym ogniu. Wymieszaj płatki owsiane i sól i zmniejsz ogień do niskiego. Dusić około 5 minut, aż owsianka będzie kremowa i miękka.

2. W międzyczasie podpiekaj płatki kokosowe przez około 2-3 minuty na złoty kolor na małej suchej patelni na małym ogniu.

3. Po zakończeniu posyp płatki owsiane mango i płatkami kokosowymi, podawaj i ciesz się.

Informacje o wartościach odżywczych:Kalorie: 428, Tłuszcz: 18 g, Węglowodany: 60 g, Białko: 10 g, Cukry: 26 g, Sód: 122 mg.

Frittata z pieczarkami i szpinakiem Porcje: 4

Czas gotowania: 30 minut

Składniki:

6 jajek

1/4 szklanki (60 ml) mleka

3 łyżki (45 ml) masła

2 szklanki (500 ml) szpinaku baby

Sól i pieprz

1 szklanka startego sera cheddar

1 cebula, cienko pokrojona

4 uncje białych pieczarek, pokrojonych w plasterki

Wskazówki:

1. Rozgrzej piekarnik do 180 °C (350 °F), z rusztem w pozycji środkowej. Nasmaruj masłem formę do pieczenia o boku 20 cm (8 cali). Odłóż na bok.

2. Wymieszaj jajka z mlekiem w dużej misce za pomocą trzepaczki. Wmieszać ser. Doprawić pieprzem i solą. Odłóż miskę.

3. Podsmaż cebulę, a następnie pieczarki na maśle na średnim ogniu na dużej nieprzywierającej patelni. Doprawić pieprzem i solą. Włóż szpinak, następnie gotuj przez około 1 minutę, ciągle mieszając.

4. Wlej mieszaninę grzybów do mieszanki jaj. Wyjąć i przełożyć do naczynia do zapiekania. Piecz frittatę przez około 25 minut, aż się zarumieni i lekko nadmucha. Pokrój frittatę na cztery kwadraty i wyjmij szpatułką z talerza. Umieść je na talerzu i voilà, są gotowe do podania na ciepło lub na zimno.

Informacje o wartościach odżywczych:Kalorie 123 Węglowodany: 4 g Tłuszcz: 5 g Białko: 15 g

Porcje śniadaniowe z komosy ryżowej: 6

Czas gotowania: 0 minut

Składniki:

Quinoa, dwie filiżanki ugotowane

Jajka, dwanaście

Jogurt grecki, zwykły, jedna czwarta filiżanki

Sól, pół łyżeczki

Ser feta, jedna szklanka

Wiśniowe pomidory, pół litra przekrojone na pół

Czarny pieprz, jedna łyżeczka

Czosnek, mielony, jedna łyżeczka

Szpinak baby, posiekany, jedna filiżanka

Oliwa z oliwek, jedna łyżeczka

Wskazówki:

1. Wymieszaj jajka, sól, pieprz, czosnek, cebulę w proszku i jogurt. Gotuj szpinak i pomidory przez pięć minut w oliwie z oliwek na średnim ogniu.

Wlej mieszankę jajeczną i mieszaj, aż jajka zetną się do preferowanego stopnia wysmażenia. Mieszaj z komosą ryżową i fetą, aż będą gorące. Będzie przechowywany w lodówce przez dwa do trzech dni.

Informacje o wartościach odżywczych:Kalorie 340 Tłuszcz 7,3 g Węglowodany 59,4 g Błonnik 6,2 g Cukier 21,4 g Białko 10,5 g

Jabłka Cynamonowe Gotowane Na Parze W Powolnej Kuchni Porcje: 6

Czas gotowania: 4 godziny

Składniki:

8 jabłek (obranych, bez gniazd nasiennych)

2 łyżeczki soku z cytryny

2 łyżeczki cynamonu

½ łyżeczki gałki muszkatołowej

¼ szklanki cukru kokosowego

Wskazówki:

1. Umieść wszystkie produkty w garnku wolnowarowym.

2. Ustaw wolnowar na niskim poziomie na 3 do 4 godzin.

3. Gotuj do miękkości jabłek. Podawać.

<u>Informacje o wartościach odżywczych:</u>Kalorie 136 Tłuszcz ogółem: 0 g Węglowodany: 36 g Białko: 1 g Cukier: 26 g Błonnik: 5 g Sód: 6 mg Cholesterol: 0 mg

Chleb pełnoziarnisty Porcje: 8

Czas gotowania: 35 minut

Składniki:

Żółta pełnoziarnista mąka kukurydziana – 1 szklanka

Biała mąka pełnoziarnista -1 szklanka

Jajko – 1

Pasta daktylowa – 2 łyżki

Oliwa z oliwek extra virgin – 0,33 szklanki

Sól morska – 1 łyżeczka

Proszek do pieczenia – 1 łyżka

Soda oczyszczona – 0,5 łyżeczki

Mleko migdałowe – 1 szklanka

Wskazówki:

1. Rozgrzej piekarnik do 400 stopni Fahrenheita i przygotuj ośmiocalowe okrągłe naczynie do pieczenia lub żeliwną patelnię na chleb. Obficie natłuścić patelnię.

2. W naczyniu wymieszaj mąkę kukurydzianą, mąkę pełnoziarnistą, sól morską i środki spulchniające, aż się połączą.

3. W oddzielnym kuchennym naczyniu wymieszaj pozostałe składniki tylko do połączenia. Dodaj mieszankę mąki, składając oba razem tylko do połączenia.

4. Wlej ciasto z chleba kukurydzianego do przygotowanej formy i wstaw do piekarnika na około dwadzieścia pięć minut, aż będzie złocistobrązowe i całkowicie zetnie się w środku. Wyjmij chleb kukurydziany z piekarnika i pozwól mu ostygnąć przez pięć minut przed krojeniem.

Omlet Pomidorowy Porcje: 1

Czas gotowania: 8 minut

Składniki:

Jajka, dwa

Bazylia, świeża, pół szklanki

Wiśniowe pomidory, pół szklanki

Czarny pieprz, jedna łyżeczka

Ser, dowolny rodzaj, jedna czwarta filiżanki rozdrobniona

Sól, pół łyżeczki

Oliwa z oliwek, dwie łyżki stołowe

Wskazówki:

1. Pokrój pomidory na ćwiartki. Smażyć na oliwie z oliwek przez trzy minuty. Odłóż pomidory na bok. Dodaj sól i pieprz do jajek w małej misce i dobrze wymieszaj. Wlej ubitą masę jajeczną na patelnię i za pomocą szpatułki delikatnie obrysuj krawędzie pod omletem, pozwalając jajom smażyć się bez ruchu przez trzy minuty. Gdy środkowa trzecia część mieszanki jajecznej jest nadal płynna, dodaj bazylię, pomidory i ser. Złożyć połowę omletu na drugą połowę. Gotuj jeszcze dwie minuty i podawaj.

Informacje o wartościach odżywczych: Kalorie 342 węglowodany 8 gramów białka 20 gramów tłuszczu 25,3 grama

Płatki owsiane z brązowym cukrem i cynamonem Porcje: 4

Składniki:

½ łyżeczki mielony cynamon

1 ½ łyżeczki. czysty ekstrakt z wanilli

¼ c. Jasnobrązowy cukier

2 w. mleko niskotłuszczowe

1 1/3 w. szybka owsianka

Wskazówki:

1. Odmierz mleko i wanilię do średniego rondla i zagotuj na średnim ogniu.

2. Po zagotowaniu zredukuj ciepło do średniego. Wymieszaj płatki owsiane, brązowy cukier i cynamon i gotuj, mieszając, przez 2–3 minuty.

3. Podawaj natychmiast, posypane dodatkowo cynamonem.

Informacje o wartościach odżywczych:Kalorie: 208, Tłuszcz: 3 g, Węglowodany: 38 g, Białko: 8 g, Cukry: 15 g, Sód: 105 mg

Owsianka Amarantusowa Z Pieczoną Gruszką

Porcje: 2

Czas gotowania: 30 minut

Składniki:

¼ łyżeczki soli

2 łyżki kawałków orzecha pekan

1 łyżeczka czystego syropu klonowego

1 szklanka jogurtu greckiego 0% do podania

Gruszki

Owsianka

½ szklanki niegotowanego amarantusa

1/2 szklanki wody

1 szklanka 2% mleka

1 łyżeczka syropu klonowego

1 duża gruszka

1/2 łyżeczki mielonego cynamonu

1/4 łyżeczki mielonego imbiru

1/8 łyżeczki mielonej gałki muszkatołowej

1/8 łyżeczki mielonego goździka

Nadzienie pekanowe/gruszkowe

Wskazówki:

1. Rozgrzej piekarnik do 400 ° C.

2. Odcedź amarantusa i opłucz. Połącz z wodą, jedną szklanką mleka i solą, zagotuj amarantus i gotuj na wolnym ogniu.

Przykryj i gotuj przez 25 minut, aż amarantus będzie miękki, ale pozostanie trochę płynu. Zdejmij z ognia i pozwól amarantusowi zgęstnieć przez kolejne 5 do 10 minut. W razie potrzeby nałóż trochę więcej mleka, aby wygładzić konsystencję.

3. Wymieszaj części orzechów pekan z 1 łyżką syropu klonowego.

Pieczemy od 10 do 15 minut, aż orzechy pekan się zrumienią, a syrop klonowy wyschnie. Po zakończeniu orzechy pekan mogą stać się stosunkowo pachnące. Gdy ostygną, orzechy pekan są chrupiące.

4. Pokrój gruszki razem z pekanami i wymieszaj z pozostałą 1 łyżeczką syropu klonowego i przyprawami. Piec przez 15 minut w brytfannie, aż gruszki będą miękkie.

5. Do owsianki dodać 3/4 uprażonych gruszek. Podziel jogurt na dwie miski i przykryj owsianką, prażonymi pekanami i pozostałymi kawałkami gruszki.

Informacje o wartościach odżywczych:Kalorie 55 Węglowodany: 11 g Tłuszcz: 2 g Białko: 0 g

Słodkie naleśniki z kremem Porcje: 2

Czas gotowania: 10 minut

Składniki:

2 ekologiczne jajka

1 łyżeczka stewii

Sól dla smaku

2 łyżki oleju kokosowego, roztopionego, podzielonego

2 łyżki mąki kokosowej

½ szklanki gęstej śmietany

Wskazówki:

1. Wbij jajka do miski, dodaj 1 łyżkę oleju kokosowego, stewię i sól i ubij mikserem elektrycznym, aż dobrze się połączą.

2. Powoli ubij mąkę kokosową, aż się połączy, a następnie ubij śmietanę, aż dobrze się połączy.

3. Weź patelnię, postaw ją na średnim ogniu, posmaruj olejem, a gdy będzie gorąca, wlej do niej połowę mieszanki i smaż przez ok. 2

minut z każdej strony, aż naleśnik się ugotuje.

4. Przenieś naleśnik na talerz i usmaż kolejny naleśnik w ten sam sposób, używając pozostałego ciasta, a następnie podawaj.

5. Aby przygotować posiłek, zawiń każdy kremowy naleśnik w kawałek woskowanego papieru, a następnie umieść go w plastikowej torebce, zamknij torebkę i przechowuj w zamrażarce do trzech dni.

6. Gdy będziesz gotowy do jedzenia, podgrzej naleśnik przez 2 minuty w kuchence mikrofalowej, aż będzie gorący, a następnie podawaj.

Informacje o wartościach odżywczych:298, tłuszcz ogółem 27,1 g, węglowodany ogółem 8 g, białko 7 g, cukier 2,4 g, sód 70 mg

Smażone paszteciki wieprzowe z syropem i szałwią Porcje: 4

Czas gotowania: 10 minut

Składniki:

2-lbs mielonej wieprzowiny, z pastwiska

3 łyżki syropu klonowego, klasa B

3 łyżki posiekanej świeżej szałwii

¾ łyżeczki soli morskiej

½ łyżeczki czosnku w proszku

1 łyżeczka stałego tłuszczu do gotowania

Wskazówki:

1. Pokrój mieloną wieprzowinę na kawałki w dużej misce. Skrop równomiernie syropem klonowym. Posypać przyprawami. Dobrze wymieszaj, aż do dokładnego połączenia. Z masy uformować osiem kotletów. Odłożyć na bok.

2. Rozgrzej tłuszcz na żeliwnej patelni ustawionej na średnim ogniu. Kotlety smażymy po 10 minut z każdej strony lub do zrumienienia.

Informacje o wartościach odżywczych: Kalorie 405 Tłuszcz: 11,2 g Białko: 30,3 g Sód: 240 mg Węglowodany ogółem: 53,3 g Błonnik pokarmowy: 0,8 g Węglowodany netto: 45,5 g

Naleśniki Z Kremem Kokosowym I Sosem Truskawkowym Porcje:

Czas gotowania: 8 minut

Składniki:

Do sosu:

12 uncji mrożonych truskawek, rozmrożonych i płynnych zarezerwowanych 1½ łyżeczki skrobi z tapioki

1 łyżka miodu

Na krem kokosowy:

1 (13½ uncji) puszka schłodzonego mleka kokosowego

1 łyżeczka organicznego aromatu waniliowego

1 łyżka ekologicznego miodu

Na naleśniki:

2 łyżki skrobi z tapioki

2 łyżki mąki kokosowej

¼ szklanki mleka migdałowego

2 ekologiczne jajka

Szczypta soli

Olej z awokado według uznania

Wskazówki:

1. Aby przygotować sos w misce, wymieszaj trochę płynu truskawkowego i skrobię z tapioki.

2. Dodaj pozostałe składniki i dobrze wymieszaj.

3. Przenieś mieszankę na patelnię na średnim ogniu.

4. Doprowadzić do wrzenia, ciągle mieszając.

5. Gotuj przez około 2-3 minuty, aż sos zgęstnieje.

6. Zdjąć z ognia i odstawić pod przykryciem do serwowania.

7. W przypadku kremu kokosowego ostrożnie nabierz śmietankę z powierzchni puszki mleka kokosowego.

8. W mikserze dodaj śmietankę kokosową, aromat waniliowy i miód i pulsuj przez około 6-8 minut lub do uzyskania puszystości.

9. W przypadku naleśników w blenderze dodaj wszystkie składniki i pulsuj, aż będą dobrze połączone i gładkie.

10. Lekko nasmaruj solidną nieprzywierającą patelnię olejem z awokado i podgrzej na średnim ogniu.

11. Dodaj niewielką ilość mieszanki i przechyl patelnię, aby równomiernie rozprowadzić ją na patelni.

12. Gotuj około 1-2 minut.

13. Ostrożnie zmień stronę i smaż przez około 1-1½

minut więcej.

14. Powtórz z pozostałą mieszanką.

15. Rozłóż śmietankę kokosową równomiernie na każdym naleśniku i złóż na ćwiartki.

16. Umieść sos truskawkowy i podawaj.

Informacje o wartościach odżywczych:Kalorie: 364, Tłuszcz: 9g, Węglowodany: 26g, Błonnik: 7g, Białko: 15g

Składniki na taco z klopsikami:

Klopsy:

1 funt chudej mielonej wołowiny (pod dowolnym mięsem mielonym, takim jak wieprzowina, indyk lub kurczak)

1 jajko

1/4 szklanki drobno posiekanego jarmużu lub chrupiących ziół, takich jak pietruszka lub kolendra (według uznania)

1 łyżeczka Sól

1/2 łyżeczki czarnego pieprzu

Miski Taco

2 szklanki sosu Enchilada (używamy robionego na zamówienie) 16 klopsików (ustalenia zapisane wcześniej)

2 szklanki ugotowanego ryżu, białego lub ciemnego

1 Awokado, pokrojone

1 szklanka lokalnie kupionej Salsy lub Pico de Gallo 1 szklanka rozdrobnionego sera

1 papryczka jalapeno, delikatnie pokrojona (wedle uznania)

1 łyżka kolendry, posiekana

1 Limonka, pokrojona w kliny

Chipsy Tortilla, do serwowania

Wskazówki:

1. Aby zrobić/zamrozić

2. W dużej misce połącz mięso mielone, jajka, jarmuż (jeśli używasz), sól i pieprz. Mieszaj rękami, aż do uzyskania równomiernej konsystencji.

Uformuj 16 klopsików o średnicy około 1 cala i umieść na blaszce przymocowanej folią.

3. W przypadku zużycia w ciągu kilku dni, przechowywać w lodówce nawet przez 2 dni.

4. W przypadku zamrożenia wstawić blaszany pojemnik do lodówki, aż klopsiki będą mocne. Przenieś się do chłodniejszego worka. Klopsiki będą przechowywane w lodówce przez 3 do 4 miesięcy.

5. Gotować

6. W średnim garnku zagotuj sos enchilada na niskim poziomie. Dołącz klopsiki (nie ma ważnego powodu do rozmrażania najpierw, jeśli klopsiki były

zestalony). Dusić klopsiki, aż będą ugotowane, 12 minut, zakładając, że są chrupiące i 20 minut, gdy stwardnieją.

7. Podczas duszenia klopsików przygotuj różne mocowania.

8. Zbierz miseczki taco, udekoruj ryż klopsikami i sosem, pokrój awokado, salsę, cheddar, kawałki jalapeño i kolendrę. Podawaj z kawałkami limonki i chipsami tortilla.

Zoodles z pesto z awokado i łososiem Porcje: 4

Czas gotowania: 25 minut

Składniki:

1 łyżka pesto

1 cytryna

2 mrożone/świeże steki z łososia

1 duża cukinia, spiralna

1 łyżka czarnego pieprzu

1 awokado

1/4 szklanki parmezanu, startego

przyprawa włoska

Wskazówki:

1. Rozgrzej piekarnik do 375 F. Przypraw łososia włoską przyprawą, solą i pieprzem i piecz przez 20 minut.

2. Dodaj awokado do miski wraz z łyżką pieprzu, sokiem z cytryny i łyżką pesto. Rozgnieć awokado i odłóż je na bok.

3. Dodaj makaron z cukinii na półmisek, a następnie mieszankę z awokado i łososia.

4. Posyp serem. W razie potrzeby dodaj więcej pesto. Cieszyć się!

Informacje o wartościach odżywczych: 128 kalorii 9,9 g tłuszczu 9 g węglowodanów ogółem 4 g białka

Słodkie Ziemniaki Z Kurkumą, Jabłkiem I Cebulą Z Kurczakiem

Porcje: 4

Czas gotowania: 45 minut

Składniki:

2 łyżki niesolonego masła, w temperaturze pokojowej 2 średnie słodkie ziemniaki

1 duże jabłko Granny Smith

1 średnia cebula, cienko pokrojona

4 piersi z kurczaka ze skórą i kością

1 łyżeczka soli

1 łyżeczka kurkumy

1 łyżeczka suszonej szałwii

¼ łyżeczki świeżo zmielonego czarnego pieprzu

1 szklanka cydru jabłkowego, białego wina lub bulionu z kurczaka Wskazówki:

1. Rozgrzej piekarnik do 400°F. Blachę wysmarować masłem.

2. Ułóż słodkie ziemniaki, jabłko i cebulę w jednej warstwie na blasze do pieczenia.

3. Ułożyć kurczaka skórą do góry i doprawić solą, kurkumą, szałwią i pieprzem. Dodaj cydr.

4. Piec w ciągu 35 do 40 minut. Wyjąć, odstawić na 5 minut i podawać.

Informacje o wartościach odżywczych:Kalorie 386 Tłuszcz ogółem: 12 g Węglowodany ogółem: 26 g Cukier: 10 g Błonnik: 4 g Białko: 44 g Sód: 932 mg

Smażony ziołowy stek z łososia Porcje: 4

Czas gotowania: 5 minut

Składniki:

1 funt steku z łososia, opłukany 1/8 łyżeczki pieprzu cayenne 1 łyżeczka chili w proszku

½ łyżeczki kminku

2 ząbki czosnku, posiekane

1 łyżka oliwy z oliwek

¾ łyżeczki soli

1 łyżeczka świeżo zmielonego czarnego pieprzu

Wskazówki:

1. Rozgrzej piekarnik do 350 stopni F.

2. W misce wymieszaj pieprz cayenne, chili w proszku, kminek, sól i czarny pieprz. Odłożyć na bok.

3. Skrop stek z łososia oliwą z oliwek. Pocierać z obu stron. Natrzyj czosnek i przygotowaną mieszankę przypraw. Odstaw na 10 minut.

4. Gdy smaki się połączą, przygotuj żaroodporną patelnię.

Oliwę z oliwek podgrzać. Po podgrzaniu doprawiaj łososia przez 4 minuty z obu stron.

5. Przenieś patelnię do piekarnika. Piec przez 10 minut. Podawać.

Informacje o wartościach odżywczych:Kalorie 210 Węglowodany: 0 g Tłuszcz: 14 g Białko: 19 g

Letnie warzywa z tofu i przyprawami włoskimi

Porcje: 4

Czas gotowania: 20 minut

Składniki:

2 duże cukinie, pokrojone w ¼-calowe plastry

2 duże letnie kabaczki, pokrojone w plastry o grubości ¼ cala 1-funtowe twarde tofu, pokrojone w 1-calową kostkę

1 szklanka bulionu warzywnego lub wody

3 łyżki oliwy z oliwek extra vergine

2 ząbki czosnku, pokrojone

1 łyżeczka soli

1 łyżeczka włoskiej mieszanki przypraw ziołowych

¼ łyżeczki świeżo zmielonego czarnego pieprzu

1 łyżka cienko pokrojonej świeżej bazylii

Wskazówki:

1. Rozgrzej piekarnik do 400°F.

2. Połączyć cukinię, dynię, tofu, bulion, olej, czosnek, sól, włoską mieszankę przypraw ziołowych i pieprz na dużej blasze do pieczenia z krawędziami i dobrze wymieszać.

3. Piecz w ciągu 20 minut.

4. Posyp bazylią i podawaj.

<u>Informacje o wartościach odżywczych:</u>Kalorie 213 Tłuszcz ogółem: 16 g Węglowodany ogółem: 9 g Cukier: 4 g Błonnik: 3 g Białko: 13 g Sód: 806 mg

Sałatka z truskawkami i kozim serem Składniki:

1 funt chrupiących truskawek, pokrojonych w kostkę

Opcjonalnie: 1 do 2 łyżeczek nektaru lub syropu klonowego do smaku 2 uncje rozdrobnionego koziego sera cheddar (około ½ szklanki) ¼ szklanki posiekanej chrupkiej bazylii, oprócz kilku listków bazylii do dekoracji

1 łyżka oliwy z oliwek extra vergine

1 łyżka gęstego octu balsamicznego*

½ łyżeczki płatkowej soli morskiej Maldon lub niewystarczająca ¼ łyżeczka drobnej soli morskiej

Chrupiąco mielony ciemny pieprz

Wskazówki:

1. Rozłóż pokrojone w kostkę truskawki na średnim półmisku lub płytkiej misce. W przypadku, gdy truskawki nie są wystarczająco słodkie dokładnie tak, jak byś chciał, rzuć je z odrobiną nektaru lub syropu klonowego.

2. Posyp truskawki rozdrobnionym kozim serem cheddar z posiekaną bazylią. Na wierzch polej oliwą z oliwek i octem balsamicznym.

3. Wypoleruj talerz mieszanej zieleni z solą, kilkoma kawałkami chrupko zmielonego ciemnego pieprzu i zachowanymi liśćmi bazylii. Aby uzyskać jak najlepsze wprowadzenie, szybko podawaj talerz mieszanej zieleni.

Skrawki będą jednak dobrze przechowywać w lodówce przez około 3 dni.

Gulasz z kalafiora z kurkumą i dorszem Porcje: 4

Czas gotowania: 30 minut

Składniki:

½ funta różyczek kalafiora

1-funtowe filety z dorsza, bez kości, bez skóry i pokrojone w kostkę 1 łyżka oliwy z oliwek

1 żółta cebula, posiekana

½ łyżeczki nasion kminku

1 zielone chili, posiekane

¼ łyżeczki kurkumy w proszku

2 pokrojone pomidory

Szczypta soli i czarnego pieprzu

½ szklanki bulionu z kurczaka

1 łyżka kolendry, posiekanej

Wskazówki:

1. Rozgrzać garnek z olejem na średnim ogniu, dodać cebulę, chili, kminek i kurkumę, wymieszać i smażyć 5 minut.

2. Dodać kalafior, rybę i pozostałe składniki, wymieszać, doprowadzić do wrzenia i gotować na średnim ogniu jeszcze przez 25 minut.

3. Rozłóż gulasz do miseczek i podawaj.

Informacje o wartościach odżywczych:kalorie 281, tłuszcz 6, błonnik 4, węglowodany 8, białko 12

Orzechy włoskie i szparagi Delight Porcje: 4

Czas gotowania: 5 minut

Składniki:

1 i ½ łyżki oliwy z oliwek

¾ funta szparagów, przyciętych

¼ szklanki orzechów włoskich, posiekanych

Pestki słonecznika i pieprz do smaku

Wskazówki:

1. Umieść patelnię na średnim ogniu, dodaj oliwę z oliwek i pozwól jej się rozgrzać.

2. Dodaj szparagi, smaż przez 5 minut, aż się zarumienią.

3. Doprawić słonecznikiem i pieprzem.

4. Usuń ciepło.

5. Dodaj orzechy włoskie i wymieszaj.

Informacje o wartościach odżywczych:Kalorie: 124Tłuszcz: 12gWęglowodany: 2gBiałko: 3g

Alfredo Makaron Cukiniowy Składniki:

2 średnie cukinie spiralizowane

1-2 TB Wegański Parmezan (wedle uznania)

Szybki sos Alfredo

1/2 szklanki surowych orzechów nerkowca moczonych przez kilka godzin lub w bulgoczącej wodzie przez 10 minut

2 łyżki soku z cytryny

Drożdże odżywcze 3 TB

2 łyżeczki białego miso (może być tamari, sos sojowy lub aminokwasy kokosowe)

1 łyżeczka proszku cebulowego

1/2 łyżeczki czosnku w proszku

1/4-1/2 szklanki wody

Wskazówki:

1. Spiralizuj makaron z cukinii.

2. Dodaj wszystkie mocowania alfredo do szybkiego blendera (zaczynając od 1/4 szklanki wody) i mieszaj do uzyskania gładkości. W przypadku, gdy sos

jest zbyt gęsty, dodaj więcej wody po łyżce stołowej, aż uzyskasz pożądaną konsystencję.

3. Makaron z cukinii z sosem alfredo i jeśli masz ochotę, wegetariański wózek.

Składniki na Kurczaka z Indyka Quinoa:

1 szklanka komosy ryżowej, przepłukanej

3-1/2 szklanki wody, odizolowane

1/2 funta chudego mielonego indyka

1 ogromna słodka cebula, pokrojona

1 średnio słodka czerwona papryka, pokrojona

4 ząbki czosnku, posiekane

1 łyżka gulaszu fasolowego w proszku

1 łyżka mielonego kminku

1/2 łyżeczki mielonego cynamonu

2 słoiki (po 15 uncji każdy) ciemna fasola, przepłukana i wyczerpana 1 puszka (28 uncji) zgniecionych pomidorów

1 średnia cukinia, pokrojona

1 papryczka chipotle w sosie adobo, pokrojona

1 łyżka sosu adobo

1 zwęża liść

1 łyżeczka suszonego oregano

1/2 łyżeczki soli

1/4 łyżeczki pieprzu

1 szklanka zestalonej kukurydzy, rozmrożonej

1/4 szklanki posiekanej ostrej kolendry

Dowolne dodatki: awokado pokrojone w kostkę, zniszczony cheddar Monterey Jack

Wskazówki:

1. Na ogromnej patelni podgrzej quinoę i 2 szklanki wody do wrzenia. Zmniejsz ciepło; rozsmarować i dusić przez 12-15 minut lub do zatrzymania wody. Wydal z ciepła; rozgnieść widelcem i odłożyć w bezpieczne miejsce.

2. Następnie na ogromnej patelni pokrytej prysznicem do gotowania smaż indyka, cebulę, czerwoną paprykę i czosnek na średnim ogniu, aż mięso już nigdy nie będzie różowe, a warzywa delikatne; kanał. Wymieszaj proszek do gulaszu fasolowego, kminek i cynamon; gotować 2 minuty dłużej.

Kiedy chcesz, prezentuj z dowolnymi dodatkami.

3. Dodać ciemną fasolę, pomidory, cukinię, paprykę chipotle, sos adobo, liść mielony, oregano, sól, pieprz i pozostałą wodę.

Podgrzać do wrzenia. Zmniejsz ciepło; smarować i dusić przez 30 minuty. Wymieszaj kukurydzę i komosę ryżową; przegrzać. Pozbądź się wąskiego liścia; wymieszać z kolendrą. Prezentuj z dowolnymi mocowaniami zgodnie z życzeniem.

4. Zamroź alternatywę: Zamroź schłodzony gulasz w chłodniejszych komorach.

Aby wykorzystać, niecałkowicie rozmrażaj w lodówce średnioterminowo. Ciepło w garnku, mieszając od czasu do czasu; dodaj soki lub wodę, jeśli jest to niezbędne.

Makaron z czosnkiem i dynią Porcje: 4

Czas gotowania: 15 minut

Składniki:

Do Przygotowania Sosu

¼ szklanki mleka kokosowego

6 Duże daty

2/3g wiórków kokosowych

6 ząbków czosnku

2 łyżki pasty imbirowej

2 łyżki czerwonej pasty curry

Do Przygotowania Klusek

1 Duży makaron do squasha

½ Julienne pokroić marchewki

½ Julienne pokrojonej cukinii

1 mała czerwona papryka

¼ szklanki orzechów nerkowca

Wskazówki:

1. Aby zrobić sos, zmiksuj wszystkie składniki i zrób gęste puree.

2. Przekrój spaghetti squash wzdłuż i zrób makaron.

3. Delikatnie posmaruj blachę do pieczenia oliwą z oliwek i piecz makaron do squasha w temperaturze 40°C przez 5-6 minut.

4. Do podania dodaj makaron i puree do miski. Lub podawaj puree z makaronem.

<u>Informacje o wartościach odżywczych:</u>Kalorie 405 Węglowodany: 107 g Tłuszcz: 28 g Białko: 7 g

Pstrąg na parze z czerwoną fasolą i salsą chilli

Porcje: 1

Czas gotowania: 16 minut

Składniki:

4 ½ uncji pomidorów koktajlowych, przekrojonych na pół

1/4 awokado, nieobrane

6 uncji filet z pstrąga oceanicznego bez skóry

Liście kolendry do podania

2 łyżeczki oliwy z oliwek

Kawałki limonki, do podania

4 ½ uncji czerwonej fasoli w puszce, opłukanej i odsączonej 1/2 czerwonej cebuli, cienko pokrojonej

1 łyżka marynowanych papryczek jalapeno, odsączonych

1/2 łyżeczki mielonego kminku

4 sycylijskie oliwki/zielone oliwki

Wskazówki:

1. Umieść koszyk do gotowania na parze nad garnkiem z gotującą się wodą. Dodaj rybę do koszyka i przykryj, gotuj przez 10-12 minut.

2. Wyjmij rybę i pozwól jej odpocząć przez kilka minut. W międzyczasie rozgrzej trochę oleju na patelni.

3. Dodaj marynowane papryczki jalapenos, czerwoną fasolę, oliwki, 1/2 łyżeczki kminku i pomidorki koktajlowe. Gotować około 4-5 minut, ciągle mieszając.

4. Nałóż ciasto fasolowe na półmisek, a następnie pstrąga.

Dodaj kolendrę i cebulę na wierzchu.

5. Podawaj z kawałkami limonki i awokado. Ciesz się gotowanym na parze pstrągiem oceanicznym z czerwoną fasolą i salsą chili!

Informacje o wartościach odżywczych:243 kalorie 33,2 g tłuszczu 18,8 g węglowodanów ogółem 44 g białka

Zupa ze słodkich ziemniaków i indyka Porcje: 4

Czas gotowania: 45 minut

Składniki:

2 łyżki oliwy z oliwek

1 żółta cebula, posiekana

1 zielona papryka, posiekana

2 słodkie ziemniaki, obrane i pokrojone w kostkę

1-funtowa pierś z indyka, bez skóry, bez kości i pokrojona w kostkę 1 łyżeczka mielonej kolendry

Szczypta soli i czarnego pieprzu

1 łyżeczka słodkiej papryki

6 szklanek bulionu z kurczaka

Sok z 1 limonki

garść natki pietruszki, posiekanej

Wskazówki:

1. Rozgrzej garnek z olejem na średnim ogniu, dodaj cebulę, paprykę i słodkie ziemniaki, wymieszaj i smaż przez 5 minut.

2. Dodać mięso i smażyć jeszcze przez 5 minut.

3. Dodać pozostałe składniki, wymieszać, doprowadzić do wrzenia i gotować na średnim ogniu jeszcze przez 35 minut.

4. Nalej zupę do miseczek i podawaj.

Informacje o wartościach odżywczych:kalorie 203, tłuszcz 5, błonnik 4, węglowodany 7, białko 8

Łosoś pieczony w miso Porcje: 2

Czas gotowania: 20 minut

Składniki:

2 łyżki stołowe. Syrop klonowy

2 cytryny

¼ szklanki miso

¼ łyżeczki Pieprz, uziemiony

2 limonki

2 ½ funta Łosoś ze skórą

Odrobina pieprzu Cayenne

2 łyżki stołowe. Oliwa z oliwek z pierwszego tłoczenia

¼ szklanki miso

Wskazówki:

1. Najpierw wymieszaj sok z limonki i sok z cytryny w małej misce, aż dobrze się połączą.

2. Następnie dodaj miso, pieprz cayenne, syrop klonowy, oliwę z oliwek i pieprz. Dobrze połączyć.

3. Następnie ułóż łososia na blasze wyłożonej papierem do pieczenia skórą do dołu.

4. Obficie posmaruj łososia cytrynową mieszanką miso.

5. Teraz połóż połówki cytryny i limonki na bokach przecięciem do góry.

6. Na koniec piecz je przez 8 do 12 minut lub do momentu, aż ryba się rozpadnie.

Informacje o wartościach odżywczych:Kalorie: 230KcalBiałka: 28,3gWęglowodany: 6,7gTłuszcz: 8,7g

Po prostu smażone płatki filetowe Porcje: 6

Czas gotowania: 8 minut

Składniki:

6 filetów tilapii

2 łyżki oliwy z oliwek

1 szt cytryna, sok

Sól i pieprz do smaku

¼ szklanki posiekanej natki pietruszki lub kolendry

Wskazówki:

1. Podsmaż filety tilapia z oliwą z oliwek na średniej wielkości patelni ustawionej na średnim ogniu. Smaż przez 4 minuty z każdej strony, aż ryba łatwo będzie się rozpadać widelcem.

2. Dodaj sól i pieprz do smaku. Do każdego fileta wlej sok z cytryny.

3. Przed podaniem posyp ugotowane filety posiekaną natką pietruszki lub kolendrą.

Informacje o wartościach odżywczych:Kalorie: 249 kcal Tłuszcz: 8,3 g Białko: 18,6 g Węglowodany: 25,9

Błonnik: 1 g

Wieprzowina Carnitas Porcje: 10

Czas gotowania: 8 godz. 10 minut

Składniki:

5 funtów. łopatka wieprzowa

2 ząbki czosnku, posiekane

1 łyżeczka czarnego pieprzu

1/4 łyżeczki cynamonu

1 łyżeczka suszonego oregano

1 łyżeczka mielonego kminku

1 liść laurowy

2 uncje bulionu z kurczaka

1 łyżeczka soku z limonki

1 łyżka chili w proszku

1 łyżka soli

Wskazówki:

1. Dodaj wieprzowinę wraz z resztą składników do wolnowaru.

2. Załóż pokrywkę i gotuj przez 8 godzin. na małym ogniu.

3. Gotową wieprzowinę rozdrobnić widelcem.

4. Rozłóż posiekaną wieprzowinę na blasze do pieczenia.

5. Podpiekaj przez 10 minut, a następnie podawaj.

<u>Informacje o wartościach odżywczych:</u>Kalorie 547 Tłuszcz 39 g, Węglowodany 2,6 g, Błonnik 0 g, Białko 43 g

Biała Zupa Rybna Z Warzywami

Porcje: 6 do 8

Czas gotowania: 32 do 35 minut

Składniki:

3 słodkie ziemniaki, obrane i pokrojone na półcalowe kawałki 4 marchewki, obrane i pokrojone na półcalowe kawałki 3 szklanki pełnotłustego mleka kokosowego

2 szklanki wody

1 łyżeczka suszonego tymianku

½ łyżeczki soli morskiej

10½ uncji (298 g) białej ryby, bez skóry i jędrnej, takiej jak dorsz lub halibut, pokrojonej na kawałki

Wskazówki:

1. Dodaj słodkie ziemniaki, marchew, mleko kokosowe, wodę, tymianek i sól morską do dużego rondla na dużym ogniu i zagotuj.

2. Zmniejsz ogień do niskiego, przykryj i gotuj na wolnym ogniu przez 20 minut, aż warzywa będą miękkie, od czasu do czasu mieszając.

3. Wlej połowę zupy do blendera i zmiksuj na puree, aż będzie dokładnie wymieszane i gładkie, a następnie włóż z powrotem do garnka.

4. Wmieszaj kawałki ryby i kontynuuj gotowanie przez kolejne 12

do 15 minut lub do momentu, aż ryba będzie gotowa.

5. Zdejmij z ognia i podawaj w miseczkach.

Informacje o wartościach odżywczych:kalorie: 450 ; tłuszcz: 28,7g; białko: 14,2g; węglowodany: 38,8 g; włókno: 8,1g; cukier: 6,7 g; sód: 250 mg

Cytrynowe Małże Porcje: 4

Składniki:

1 łyżka. extra virgin oliwa z oliwek extra virgin 2 ząbki czosnku

2 funty. wyszorowane małże

Sok z jednej cytryny

Wskazówki:

1. Do garnka wlej trochę wody, dodaj małże, zagotuj na średnim ogniu, gotuj przez 5 minut, wyrzuć nieotwarte małże i przełóż je do miski.

2. W innej misce wymieszaj oliwę z czosnkiem i świeżo wyciśniętym sokiem z cytryny, dobrze wymieszaj i dodaj małże, wymieszaj i podawaj.

3. Ciesz się!

Informacje o wartościach odżywczych:Kalorie: 140, Tłuszcz: 4 g, Węglowodany: 8 g, Białko: 8 g, Cukry: 4 g, Sód: 600 mg,

Porcje łososia w limonce i chili: 2

Czas gotowania: 8 minut

Składniki:

1 funt łososia

1 łyżka soku z limonki

½ łyżeczki pieprzu

½ łyżeczki chili w proszku

4 plasterki limonki

Wskazówki:

1. Skrop łososia sokiem z limonki.

2. Posyp z obu stron pieprzem i chili w proszku.

3. Dodaj łososia do frytownicy.

4. Połóż plasterki limonki na łososiu.

5. Smażyć na powietrzu w temperaturze 375 stopni F przez 8 minut.

Serowy makaron z tuńczykiem Porcje: 3-4

Składniki:

2 w. rukola

¼ c. posiekana zielona cebula

1 łyżka. ocet czerwony

5 uncji odsączony tuńczyk z puszki

¼ łyżeczki czarny pieprz

2 uncje. gotowany makaron pełnoziarnisty

1 łyżka. Oliwa z oliwek

1 łyżka. tarty niskotłuszczowy parmezan

Wskazówki:

1. Gotuj makaron w niesolonej wodzie, aż będzie gotowy. Odcedź i odłóż na bok.

2. W dużej misce dokładnie wymieszaj tuńczyka, zieloną cebulę, ocet, olej, rukolę, makaron i czarny pieprz.

3. Dobrze wymieszaj i posyp serem.

4. Podawaj i ciesz się.

<u>Informacje o wartościach odżywczych:</u>Kalorie: 566,3, Tłuszcz: 42,4 g, Węglowodany: 18,6 g, Białko: 29,8 g, Cukry: 0,4 g, Sód: 688,6 mg

Paski rybne w panierce kokosowej Porcje: 4

Czas gotowania: 12 minut

Składniki:

marynata

1 łyżka sosu sojowego

1 łyżeczka mielonego imbiru

½ szklanki mleka kokosowego

2 łyżki syropu klonowego

½ szklanki soku ananasowego

2 łyżeczki ostrego sosu

Ryba

1 funt filetu rybnego, pokrojonego w paski

pieprz do smaku

1 szklanka bułki tartej

1 szklanka płatków kokosowych (niesłodzonych)

Spray do gotowania

Wskazówki:

1. Wymieszaj składniki marynaty w misce.

2. Wmieszaj paski rybne.

3. Przykryj i wstaw do lodówki na 2 godziny.

4. Rozgrzej frytkownicę do 375 stopni F.

5. W misce wymieszać pieprz, bułkę tartą i wiórki kokosowe.

6. Zanurz paski rybne w bułce tartej.

7. Spryskaj kosz frytownicy olejem.

8. Dodaj paski rybne do kosza frytownicy.

9. Smażyć na wolnym powietrzu przez 6 minut z każdej strony.

Porcje meksykańskiej ryby: 2

Czas gotowania: 10 minut

Składniki:

4 filety rybne

2 łyżeczki meksykańskiego oregano

4 łyżeczki kminku

4 łyżeczki chili w proszku

pieprz do smaku

Spray do gotowania

Wskazówki:

1. Rozgrzej frytkownicę do 400 stopni F.

2. Spryskaj rybę olejem.

3. Dopraw rybę z obu stron przyprawami i pieprzem.

4. Umieść rybę w koszu frytownicy.

5. Gotuj przez 5 minut.

6. Odwróć i gotuj przez kolejne 5 minut.

Pstrąg Z Salsą Ogórkową Porcje: 4

Czas gotowania: 10 minut

Składniki:

Salsa:

1 ogórek angielski, pokrojony w kostkę

¼ szklanki niesłodzonego jogurtu kokosowego

2 łyżki posiekanej świeżej mięty

1 szalotka, biała i zielona część, posiekana

1 łyżeczka surowego miodu

Sól morska

Ryba:

4 (5 uncji) filety z pstrąga, osuszone

1 łyżka oliwy z oliwek

Sól morska i świeżo zmielony czarny pieprz do smaku<u>Wskazówki:</u>

1. Przygotuj salsę: wymieszaj jogurt, ogórek, miętę, szalotkę, miód i sól morską w małej misce, aż do całkowitego wymieszania. Odłożyć na bok.

2. Delikatnie natrzyj filety z pstrąga solą morską i pieprzem na czystym blacie.

3. Rozgrzej oliwę z oliwek na dużej patelni na średnim ogniu. Dodaj filety z pstrąga na gorącą patelnię i smaż przez około 10 minut, obracając rybę w połowie lub do momentu, aż ryba będzie ugotowana zgodnie z twoimi upodobaniami.

4. Rozłóż salsę na rybie i podawaj.

<u>Informacje o wartościach odżywczych:</u>kalorie: 328 ; tłuszcz: 16,2g; białko: 38,9g; węglowodany: 6,1 g

; błonnik: 1,0g; cukier: 3,2g; sód: 477 mg

Cytrynowe Zoodles Z Krewetkami Porcje: 4

Czas gotowania: 0 minut

Składniki:

Sos:

½ szklanki zapakowanych świeżych liści bazylii

Sok z 1 cytryny (lub 3 łyżki stołowe)

1 łyżeczka posiekanego czosnku z butelki

szczypta soli morskiej

Szczypta świeżo zmielonego czarnego pieprzu

¼ szklanki pełnotłustego mleka kokosowego z puszki

1 duży żółty kabaczek, pokrojony w słupki lub spiralizowany 1 duża cukinia, pokrojony w słupki lub spiralizowany

1 funt (454 g) krewetek, pozbawionych żył, ugotowanych, obranych i schłodzonych Skórka z 1 cytryny (opcjonalnie)

Wskazówki:

1. Przygotuj sos: Zmiksuj liście bazylii, sok z cytryny, czosnek, sól morską i pieprz w robocie kuchennym, aż zostaną dokładnie posiekane.

2. Powoli wlewaj mleko kokosowe, gdy robot wciąż pracuje. Pulsuj, aż będzie gładkie.

3. Przenieś sos do dużej miski razem z żółtą dynią i cukinią. Dobrze wymieszaj.

4. Rozłóż krewetki i skórkę z cytryny (w razie potrzeby) na wierzchu makaronu. Natychmiast podawaj.

<u>Informacje o wartościach odżywczych:</u>kalorie: 246 ; tłuszcz: 13,1 g; białko: 28,2g; węglowodany: 4,9 g

; błonnik: 2,0g; cukier: 2,8 g; sód: 139 mg

Chrupiące krewetki Porcje: 4

Czas gotowania: 3 minuty

Składniki:

1 funt krewetek, obranych i pozbawionych żyłek

½ szklanki mieszanki do panierowania ryb

Spray do gotowania

Wskazówki:

1. Rozgrzej frytkownicę do 390 stopni F.

2. Spryskaj krewetki olejem.

3. Posmarować panierką.

4. Spryskaj kosz frytownicy olejem.

5. Dodaj krewetki do koszyka frytownicy.

6. Gotuj przez 3 minuty.

Porcje pieczonego okonia morskiego: 2

Składniki:

2 posiekane ząbki czosnku

Pieprz.

1 łyżka. sok cytrynowy

2 filety z białego okonia morskiego

¼ łyżeczki ziołowa mieszanka przypraw

Wskazówki:

1. Spryskaj patelnię brojlerów odrobiną oliwy z oliwek i ułóż na niej filety.

2. Filety skropić sokiem z cytryny, czosnkiem i przyprawami.

3. Smażyć przez około 10 minut lub do momentu, aż ryba będzie złota.

4. W razie potrzeby podawaj z podsmażonym szpinakiem.

Informacje o wartościach odżywczych: Kalorie: 169, Tłuszcz: 9,3 g, Węglowodany: 0,34 g, Białko: 15,3

g, cukry: 0,2 g, sód: 323 mg

Ciasteczka z łososiem Porcje: 4

Czas gotowania: 10 minut

Składniki:

Spray do gotowania

1 funt filetu z łososia, płatkowany

¼ szklanki mąki migdałowej

2 łyżeczki przyprawy Old Bay

1 zielona cebula, posiekana

Wskazówki:

1. Rozgrzej frytkownicę do 390 stopni F.

2. Spryskaj kosz frytownicy olejem.

3. W misce połącz pozostałe składniki.

4. Z powstałej masy uformować kotleciki.

5. Spryskaj paszteciki z obu stron olejem.

6. Smażyć na powietrzu przez 8 minut.

Porcje Pikantnego Dorsza: 4

Składniki:

2 łyżki. Świeża posiekana natka pietruszki

2 funty. filety z dorsza

2 w. salsa o niskiej zawartości sodu

1 łyżka. olej bez smaku

Wskazówki:

1. Rozgrzej piekarnik do 350°F.

2. W dużym, głębokim naczyniu żaroodpornym skropić dno olejem.

Filety z dorsza ułożyć w naczyniu. Wlej salsę na rybę. Przykryć folią na 20 minut. Zdjąć folię z ostatnich 10 minut pieczenia.

3. Piec w piekarniku przez 20 – 30 minut, aż ryba będzie chrupiąca.

4. Podawaj z białym lub brązowym ryżem. Udekoruj pietruszką.

Informacje o wartościach odżywczych:Kalorie: 110, Tłuszcz: 11 g, Węglowodany: 83 g, Białko: 16,5 g, Cukry: 0 g, Sód: 122 mg

Pasta z wędzonego pstrąga Porcje: 2

Składniki:

2 łyżeczki Świeży sok z cytryny

½ w. niskotłuszczowy twarożek

1 łodyga selera pokrojona w kostkę

¼ funta wędzonego fileta z pstrąga bez skóry,

½ łyżeczki sos Worcestershire

1 łyżeczka. ostry sos paprykowy

¼ c. grubo posiekana czerwona cebula

Wskazówki:

1. Połącz pstrąga, twaróg, czerwoną cebulę, sok z cytryny, ostry sos paprykowy i sos Worcestershire w blenderze lub robocie kuchennym.

2. Zmiksuj, aż będzie gładkie, w razie potrzeby zatrzymując się, aby zeskrobać boki miski.

3. Złożyć pokrojony w kostkę seler.

4. Przechowywać w hermetycznym pojemniku w lodówce.

Informacje o wartościach odżywczych: Kalorie: 57, Tłuszcz: 4 g, Węglowodany: 1 g, Białko: 4 g, Cukry: 0 g, Sód: 660 mg

Porcje z tuńczykiem i szalotkami: 4

Składniki:

½ w. bulion z kurczaka o niskiej zawartości sodu

1 łyżka. Oliwa z oliwek

4 filety z tuńczyka bez kości i skóry

2 posiekane szalotki

1 łyżeczka. słodka papryka

2 łyżki. sok limonkowy

¼ łyżeczki czarny pieprz

Wskazówki:

1. Rozgrzej patelnię z olejem na średnim ogniu, dodaj szalotki i smaż przez 3 minuty.

2. Dodaj rybę i smaż przez 4 minuty z każdej strony.

3. Dodaj pozostałe składniki, gotuj wszystko jeszcze przez 3 minuty, rozłóż na talerzach i podawaj.

Informacje o wartościach odżywczych:Kalorie: 4040, Tłuszcz: 34,6 g, Węglowodany: 3 g, Białko: 21,4 g, Cukry: 0,5 g, Sód: 1000 mg

Krewetki z papryką cytrynową Porcje: 2

Czas gotowania: 10 minut

Składniki:

1 łyżka soku z cytryny

1 łyżka oliwy z oliwek

1 łyżeczka pieprzu cytrynowego

¼ łyżeczki czosnku w proszku

¼ łyżeczki papryki

12 uncji. krewetki, obrane i pozbawione żyłek

Wskazówki:

1. Rozgrzej frytkownicę do 400 stopni F.

2. Wymieszaj sok z cytryny, oliwę z oliwek, pieprz cytrynowy, czosnek w proszku i paprykę w misce.

3. Wymieszaj krewetki i równomiernie posmaruj mieszanką.

4. Dodaj do frytownicy.

5. Gotuj przez 8 minut.

Stek z tuńczyka na ciepło Porcje: 6

Składniki:

2 łyżki. Świeży sok z cytryny

Pieprz.

Majonez z pieczonej pomarańczy i czosnku

¼ c. całe czarne ziarna pieprzu

6 pokrojonych steków z tuńczyka

2 łyżki. Oliwa z oliwek z pierwszego tłoczenia

Sól

Wskazówki:

1. Umieść tuńczyka w misce, aby się zmieścił. Dodaj olej, sok z cytryny, sól i pieprz. Obróć tuńczyka, aby dobrze obtoczył się w marynacie. Odpocznij od 15 do 20

minut, obracając raz.

2. Umieść ziarna pieprzu w plastikowych torebkach o podwójnej grubości. Uderz ziarna pieprzu ciężkim rondlem lub małym młotkiem, aby je grubo zmiażdżyć. Ułożyć na dużym talerzu.

3. Gdy tuńczyk będzie gotowy do ugotowania, zanurz brzegi w pokruszonych ziarnach pieprzu. Rozgrzej nieprzywierającą patelnię na średnim ogniu. Smażyć steki z tuńczyka, w razie potrzeby partiami, przez 4 minuty z każdej strony w przypadku średnio krwistych ryb, dodając w razie potrzeby 2 do 3 łyżek marynaty na patelnię, aby zapobiec przywieraniu.

4. Podawać udekorowane majonezem z pieczonej pomarańczy i czosnku<u>Informacje o wartościach odżywczych:</u>Kalorie: 124, Tłuszcz: 0,4 g, Węglowodany: 0,6 g, Białko: 28 g, Cukry: 0 g, Sód: 77 mg

Porcje łososia Cajun: 2

Czas gotowania: 10 minut

Składniki:

2 filety z łososia

Spray do gotowania

1 łyżka przyprawy Cajun

1 łyżka miodu

Wskazówki:

1. Rozgrzej frytkownicę do 390 stopni F.

2. Spryskaj rybę olejem z obu stron.

3. Posyp przyprawą Cajun.

4. Spryskaj kosz frytownicy olejem.

5. Dodaj łososia do kosza frytownicy.

6. Smażyć na powietrzu przez 10 minut.

Quinoa Miska Łososia Z Warzywami

Porcje: 4

Czas gotowania: 0 minut

Składniki:

1 funt (454 g) gotowanego łososia w płatkach

4 szklanki ugotowanej komosy ryżowej

6 rzodkiewek, pokrojonych w cienkie plasterki

1 cukinia pokrojona w półksiężyce

3 szklanki rukoli

3 szalotki, posiekane

½ szklanki oleju migdałowego

1 łyżeczka ostrego sosu bez cukru

1 łyżka octu jabłkowego

1 łyżeczka soli morskiej

½ szklanki prażonych migdałów, do dekoracji (opcjonalnie)Wskazówki:

1. W dużej misce wymieszaj płatki łososia, gotowaną komosę ryżową, rzodkiewkę, cukinię, rukolę i szalotki i dobrze wymieszaj.

2. Dodaj olej migdałowy, ostry sos, ocet jabłkowy i sól morską i wymieszaj.

3. Podziel mieszaninę na cztery miski. W razie potrzeby posyp każdą miskę równomiernie posiekanymi migdałami do dekoracji. Natychmiast podawaj.

Informacje o wartościach odżywczych: kalorie: 769 ; tłuszcz: 51,6g; białko: 37,2g; węglowodany: 44,8 g; błonnik: 8,0g; cukier: 4,0 g; sód: 681 mg

Porcje panierowanej ryby: 4

Czas gotowania: 15 minut

Składniki:

¼ szklanki oliwy z oliwek

1 szklanka suchej bułki tartej

4 filety z białej ryby

pieprz do smaku

Wskazówki:

1. Rozgrzej frytkownicę do 350 stopni F.

2. Posyp rybę pieprzem z obu stron.

3. Połącz olej i bułkę tartą w misce.

4. Zanurz rybę w mieszance.

5. Dociśnij bułkę tartą, aby się przykleiła.

6. Umieść rybę we frytkownicy.

7. Gotuj przez 15 minut.

Proste kotleciki z łososia Porcje: 4

Czas gotowania: 8 do 10 minut

Składniki:

1 funt (454 g) filetów z łososia bez kości, mielonych ¼ szklanki mielonej słodkiej cebuli

½ szklanki mąki migdałowej

2 ząbki czosnku, posiekane

2 jajka, roztrzepane

1 łyżeczka musztardy Dijon

1 łyżka świeżo wyciśniętego soku z cytryny

Posiekaj płatki czerwonej papryki

½ łyżeczki soli morskiej

¼ łyżeczki świeżo zmielonego czarnego pieprzu

1 łyżka oleju z awokado

Wskazówki:

1. Wymieszaj mielonego łososia, słodką cebulę, mąkę migdałową, czosnek, roztrzepane jajka, musztardę, sok z cytryny, płatki czerwonej papryki, sól morską i pieprz w dużej misce i mieszaj, aż dobrze się połączą.

2. Pozostaw mieszankę z łososiem na 5 minut.

3. Nabierz mieszankę z łososia i uformuj rękami cztery placki o grubości ½ cala.

4. Rozgrzej olej z awokado na dużej patelni na średnim ogniu. Umieść placki na gorącej patelni i smaż z każdej strony przez 4 do 5 minut, aż lekko się zrumienią i ugotują.

5. Zdejmij z ognia i podawaj na talerzu.

<u>Informacje o wartościach odżywczych:</u>kalorie: 248 ; tłuszcz: 13,4g; białko: 28,4g; węglowodany: 4,1 g

; błonnik: 2,0g; cukier: 2,0 g; sód: 443 mg

Popcorn Krewetki Porcje: 4

Czas gotowania: 10 minut

Składniki:

½ łyżeczki cebuli w proszku

½ łyżeczki czosnku w proszku

½ łyżeczki papryki

¼ łyżeczki mielonej musztardy

⅛ łyżeczki suszonej szałwii

⅛ łyżeczki mielonego tymianku

⅛ łyżeczki suszonego oregano

⅛ łyżeczki suszonej bazylii

pieprz do smaku

3 łyżki skrobi kukurydzianej

1 funt krewetek, obranych i pozbawionych żyłek

Spray do gotowania

Wskazówki:

1. Połącz wszystkie składniki oprócz krewetek w misce.

2. Posmaruj krewetki mieszanką.

3. Spryskaj kosz frytownicy olejem.

4. Rozgrzej frytkownicę do 390 stopni F.

5. Dodaj krewetki do środka.

6. Smażyć na powietrzu przez 4 minuty.

7. Potrząśnij koszykiem.

8. Gotuj przez kolejne 5 minut.

Pikantna pieczona ryba Porcje: 5

Składniki:

1 łyżka. Oliwa z oliwek

1 łyżeczka. przyprawa bez soli

1 funt filet z łososia

Wskazówki:

1. Rozgrzej piekarnik do 350F.

2. Skrop rybę oliwą z oliwek i przyprawami.

3. Piecz przez 15 min bez przykrycia.

4. Pokrój i podawaj.

Informacje o wartościach odżywczych:Kalorie: 192, Tłuszcz: 11 g, Węglowodany: 14,9 g, Białko: 33,1 g, Cukry: 0,3 g, Sód: 505 6 mg

Tuńczyk z papryką Porcje: 4

Składniki:

½ łyżeczki chili w proszku

2 łyżeczki słodka papryka

¼ łyżeczki czarny pieprz

2 łyżki. Oliwa z oliwek

4 steki z tuńczyka bez kości

Wskazówki:

1. Rozgrzej patelnię z olejem na średnim ogniu, dodaj steki z tuńczyka, dopraw papryką, czarnym pieprzem i chili w proszku, smaż przez 5 minut z każdej strony, przełóż na talerze i podawaj z sałatką boczną.

Informacje o wartościach odżywczych:Kalorie: 455, Tłuszcz: 20,6 g, Węglowodany: 0,8 g, Białko: 63,8

g, cukry: 7,4 g, sód: 411 mg

Paszteciki rybne Porcje: 2

Czas gotowania: 7 minut

Składniki:

8 uncji filet z białej ryby, płatkowany

Czosnek w proszku do smaku

1 łyżeczka soku z cytryny

Wskazówki:

1. Rozgrzej frytkownicę do 390 stopni F.

2. Połącz wszystkie składniki.

3. Z powstałej masy uformować kotleciki.

4. Umieść paszteciki rybne we frytkownicy.

5. Gotuj przez 7 minut.

Smażone Przegrzebki Z Miodem Porcje: 4

Czas gotowania: 15 minut

Składniki:

1 funt (454 g) dużych przegrzebków, opłukanych i osuszonych solą morską Dash

Drob świeżo zmielony czarny pieprz

2 łyżki oleju z awokado

¼ szklanki surowego miodu

3 łyżki aminokwasów kokosowych

1 łyżka octu jabłkowego

2 ząbki czosnku, posiekane

Wskazówki:

1. W misce dodaj przegrzebki, sól morską i pieprz i mieszaj, aż dobrze się pokryją.

2. Na dużej patelni rozgrzej olej z awokado na średnim ogniu.

3. Smaż przegrzebki przez 2 do 3 minut z każdej strony lub do momentu, aż przegrzebki staną się mlecznobiałe lub nieprzejrzyste i jędrne.

4. Zdejmij przegrzebki z ognia na talerz i luźno zawiń w folię, aby się nie rozgrzały. Odłożyć na bok.

5. Dodaj miód, aminokwasy kokosowe, ocet i czosnek na patelnię i dobrze wymieszaj.

6. Doprowadzić do wrzenia i gotować przez około 7 minut, aż płyn się zredukuje, od czasu do czasu mieszając.

7. Przełóż smażone przegrzebki z powrotem na patelnię, mieszając, aby pokryły się glazurą.

8. Podziel przegrzebki na cztery talerze i podawaj na ciepło.

Informacje o wartościach odżywczych:kalorie: 382 ; tłuszcz: 18,9g; białko: 21,2g; węglowodany: 26,1 g; błonnik: 1,0g; cukier: 17,7 g; sód: 496 mg

Filety z dorsza z grzybami shiitake Porcje: 4

Czas gotowania: 15 do 18 minut

Składniki:

1 ząbek czosnku, posiekany

1 por, cienko pokrojony

1 łyżeczka posiekanego świeżego korzenia imbiru

1 łyżka oliwy z oliwek

½ szklanki wytrawnego białego wina

½ szklanki pokrojonych grzybów shiitake

4 (6 uncji / 170 g) filetów z dorsza

1 łyżeczka soli morskiej

⅛ łyżeczki świeżo zmielonego czarnego pieprzu

Wskazówki:

1. Rozgrzej piekarnik do 375ºF (190ºC).

2. Wymieszaj czosnek, por, korzeń imbiru, wino, oliwę z oliwek i grzyby na patelni do pieczenia i mieszaj, aż grzyby równomiernie się pokryją.

3. Piec w nagrzanym piekarniku przez 10 minut do lekkiego zarumienienia.

4. Wyjmij formę do pieczenia z piekarnika. Rozłóż filety z dorsza na wierzchu i dopraw solą morską i pieprzem.

5. Przykryj folią aluminiową i ponownie włóż do piekarnika. Pieczemy od 5 do 8

minut lub do momentu, aż ryba będzie miękka.

6. Zdejmij folię aluminiową i ostudź przez 5 minut przed podaniem.

Informacje o wartościach odżywczych:kalorie: 166 ; tłuszcz: 6,9 g; białko: 21,2g; węglowodany: 4,8 g; błonnik: 1,0g; cukier: 1,0g; sód: 857 mg

Pieczone białe okonie morskie Porcje: 2

Składniki:

1 łyżeczka. mielony czosnek

Zmielony czarny pieprz

1 łyżka. sok cytrynowy

8 uncji filety z okonia białego

¼ łyżeczki bezsolna ziołowa mieszanka przypraw

Wskazówki:

1. Rozgrzej brojler i umieść ruszt w odległości 4 cali od źródła ciepła.

2. Lekko spryskaj formę do pieczenia sprayem do gotowania. Filety ułożyć na patelni. Filety skropić sokiem z cytryny, czosnkiem, przyprawą ziołową i pieprzem.

3. Smażyć, aż ryba stanie się całkowicie nieprzejrzysta, gdy testuje się ją czubkiem noża, około 8 do 10 minut.

4. Podawaj natychmiast.

<u>Informacje o wartościach odżywczych:</u>Kalorie: 114, Tłuszcz:2 g, Węglowodany:2 g, Białko:21 g, Cukry:0,5 g, Sód:78 mg

Morszczuk z pieczonych pomidorów Porcje: 4-5

Składniki:

½ w. sos pomidorowy

1 łyżka. Oliwa z oliwek

Pietruszka

2 pokrojone pomidory

½ w. startego sera

4 funty morszczuk pozbawiony kości i pokrojony w plastry

Sól.

Wskazówki:

1. Rozgrzej piekarnik do 400 0F.

2. Dopraw rybę solą.

3. Na patelni lub rondlu; Podsmaż rybę na oliwie z oliwek, aż będzie gotowa.

4. Weź cztery foliowe papiery, aby przykryć rybę.

5. Uformuj folię tak, aby przypominała pojemniki; Dodaj sos pomidorowy do każdego pojemnika foliowego.

6. Dodaj rybę, plastry pomidora i posyp startym serem.

7. Piecz, aż uzyskasz złotą skórkę, przez około 20-25 minuty.

8. Otwórz opakowania i posyp natką pietruszki.

<u>Informacje o wartościach odżywczych:</u>Kalorie: 265, Tłuszcz: 15 g, Węglowodany: 18 g, Białko: 22 g, Cukry: 0,5 g, Sód: 94,6 mg

Smażony plamiak z burakami Porcje: 4

Czas gotowania: 30 minut

Składniki:

8 buraków, obranych i pokrojonych w ósemki

2 szalotki, cienko pokrojone

2 łyżki octu jabłkowego

2 łyżki oliwy z oliwek, podzielone

1 łyżeczka posiekanego czosnku z butelki

1 łyżeczka posiekanego świeżego tymianku

szczypta soli morskiej

4 (5 uncji / 142 g) filety z plamiaka, osuszone

Wskazówki:

1. Rozgrzej piekarnik do 400ºF (205ºC).

2. Połącz buraki, szalotki, ocet, 1 łyżkę oliwy z oliwek, czosnek, tymianek i sól morską w średniej misce i dobrze wymieszaj.

Rozłóż mieszankę buraków w naczyniu do pieczenia.

3. Piec w nagrzanym piekarniku przez około 30 minut, obracając raz lub dwa razy szpatułką, aż buraki będą miękkie.

4. W międzyczasie podgrzej pozostałą 1 łyżkę oliwy z oliwek na dużej patelni na średnim ogniu.

5. Dodać plamiaka i smażyć z każdej strony przez 4 do 5 minut lub do momentu, aż miąższ stanie się nieprzejrzysty i łatwo będzie się rozdzielał.

6. Przełóż rybę na talerz i podawaj z pieczonymi burakami.

Informacje o wartościach odżywczych: kalorie: 343 ; tłuszcz: 8,8g; białko: 38,1g; węglowodany: 20,9 g

; błonnik: 4,0g; cukier: 11,5g; sód: 540 mg

Serdeczne Tuńczyk Melt Porcje: 4

Składniki:

3 uncje tarty ser cheddar o obniżonej zawartości tłuszczu

1/3 w. siekany seler

Czarny pieprz i sól

¼ c. posiekana cebula

2 pełnoziarniste angielskie babeczki

6 oz. odsączony biały tuńczyk

¼ c. niskotłuszczowy rosyjski

Wskazówki:

1. Rozgrzej brojler. Połącz tuńczyka, seler, cebulę i sos sałatkowy.

2. Dopraw solą i pieprzem.

3. Podpiecz połówki muffinek angielskich.

4. Ułóż rozdwojoną stroną do góry na blasze do pieczenia i na każdej z nich połóż 1/4 mieszanki tuńczyka.

5. Podsmażaj 2-3 minuty lub do momentu, aż się rozgrzeje.

6. Posyp serem i wróć do opiekacza, aż ser się roztopi, czyli jeszcze około 1 minuty.

Informacje o wartościach odżywczych:Kalorie: 320, Tłuszcz: 16,7 g, Węglowodany: 17,1 g, Białko: 25,7

g, cukry: 5,85 g, sód: 832 mg

Łosoś Cytrynowy Z Limonką Kaffir Porcje: 8

Składniki:

1 poćwiartowana i posiekana łodyga trawy cytrynowej

2 rozdarte liście limonki kaffir

1 cienko pokrojona cytryna

1 ½ c. świeże liście kolendry

1 cały filet z łososia

Wskazówki:

1. Rozgrzej piekarnik do 350°F.

2. Przykryj blachę do pieczenia arkuszami folii tak, aby zachodziły na boki. 3. Ułóż łososia na folii, ułóż na wierzchu cytrynę, liście limonki, trawę cytrynową i 1 szklankę liści kolendry. Opcjonalnie: doprawić solą i pieprzem.

4. Przed złożeniem plomby przesuń dłuższy bok folii do środka.

Zawiń końce, aby zamknąć łososia.

5. Piec przez 30 minut.

6. Przełóż ugotowaną rybę na półmisek. Posyp świeżą kolendrą.

Podawać z białym lub brązowym ryżem.

Informacje o wartościach odżywczych:Kalorie: 103, Tłuszcz: 11,8 g, Węglowodany: 43,5 g, Białko: 18 g, Cukry: 0,7 g, Sód: 322 mg

Delikatny Łosoś W Sosie Musztardowym Porcje: 2

Składniki:

5 łyżek. Mielony koperek

2/3 w. kwaśna śmietana

Pieprz.

2 łyżki. musztarda Dijon

1 łyżeczka. czosnek w proszku

5 uncji filety z łososia

2-3 łyżki. Sok cytrynowy

Wskazówki:

1. Wymieszaj śmietanę, musztardę, sok z cytryny i koperek.

2. Filety doprawiamy pieprzem i czosnkiem w proszku.

3. Łososia ułóż na blasze skórą do dołu i polej przygotowanym sosem musztardowym.

4. Piec przez 20 minut w temperaturze 390°F.

Informacje o wartościach odżywczych: Kalorie: 318, Tłuszcz: 12 g, Węglowodany: 8 g, Białko: 40,9 g, Cukry: 909,4 g, Sód: 1,4 mg

Porcje Sałatki Krabowej: 4

Składniki:

2 w. mięso kraba

1 w. połówki pomidorków koktajlowych

1 łyżka. Oliwa z oliwek

Czarny pieprz

1 posiekana szalotka

1/3 w. posiekana kolendra

1 łyżka. sok cytrynowy

Wskazówki:

1. W misce połącz kraba z pomidorami i pozostałymi składnikami, wymieszaj i podawaj.

Informacje o wartościach odżywczych:Kalorie: 54, Tłuszcz: 3,9 g, Węglowodany: 2,6 g, Białko: 2,3 g, Cukry: 2,3 g, Sód: 462,5 mg

Pieczony Łosoś Z Sosem Miso Porcje: 4

Czas gotowania: 15 do 20 minut

Składniki:

Sos:

¼ szklanki cydru jabłkowego

¼ szklanki białego miso

1 łyżka oliwy z oliwek

1 łyżka białego octu ryżowego

⅛ łyżeczki mielonego imbiru

4 (3 do 4 uncji / 85 do 113 g) filety z łososia bez kości 1 pokrojona szalotka, do dekoracji

⅛ łyżeczki płatków czerwonej papryki, do dekoracji

Wskazówki:

1. Rozgrzej piekarnik do 375ºF (190ºC).

2. Przygotuj sos: W małej misce wymieszaj jabłkowy cydr, białe miso, oliwę z oliwek, ocet ryżowy i imbir. Dodaj trochę wody, jeśli pożądana jest rzadsza konsystencja.

3. Ułóż filety z łososia na blasze do pieczenia skórą do dołu. Tak przygotowanym sosem polać filety, aby równomiernie się pokryły.

4. Piec w nagrzanym piekarniku przez 15 do 20 minut lub do momentu, aż ryba będzie się łatwo rozpadać widelcem.

5. Udekoruj pokrojoną szalotką i płatkami czerwonej papryki i podawaj.

Informacje o wartościach odżywczych:kalorie: 466 ; tłuszcz: 18,4g; białko: 67,5g; węglowodany: 9,1 g

; błonnik: 1,0g; cukier: 2,7 g; sód: 819 mg

Pieczony Dorsz Z Miodem Porcje: 2

Składniki:

6 łyżek. Nadzienie o smaku ziołowym

8 uncji filety z dorsza

2 łyżki. Miód

Wskazówki:

1. Rozgrzej piekarnik do 375 0F.

2. Lekko spryskaj formę do pieczenia sprayem do gotowania.

3. Włóż farsz ziołowy do woreczka i zamknij. Rozgnieć farsz, aż się zrumieni.

4. Posmaruj ryby miodem i pozbądź się pozostałego miodu.

Dodaj jeden filet do woreczka z farszem i delikatnie potrząśnij, aby całkowicie pokryć rybę.

5. Przenieś dorsza na blachę do pieczenia i powtórz proces dla drugiej ryby.

6. Zawiń filety w folię i piecz, aż staną się jędrne i nieprzejrzyste, sprawdzając czubkiem ostrza noża, około dziesięciu minut.

7. Podawaj gorące.

Informacje o wartościach odżywczych: Kalorie: 185, Tłuszcz: 1 g, Węglowodany: 23 g, Białko: 21 g, Cukry: 2 g, Sód: 144,3 mg

Parmezan Mix Dorsz Porcje: 4

Składniki:

1 łyżka. sok cytrynowy

½ w. posiekana zielona cebula

4 filety z dorsza bez kości

3 posiekane ząbki czosnku

1 łyżka. Oliwa z oliwek

½ w. rozdrobniony niskotłuszczowy parmezan

Wskazówki:

1. Rozgrzej patelnię z olejem na średnim ogniu, dodaj czosnek i zieloną cebulę, wymieszaj i smaż przez 5 minut.

2. Dodaj rybę i smaż przez 4 minuty z każdej strony.

3. Dodaj sok z cytryny, posyp parmezanem, gotuj wszystko jeszcze przez 2 minuty, rozłóż na talerzach i podawaj.

Informacje o wartościach odżywczych: Kalorie: 275, Tłuszcz: 22,1 g, Węglowodany: 18,2 g, Białko: 12 g, Cukry: 0,34 g, Sód: 285,4 mg

Chrupiące krewetki czosnkowe Porcje: 4

Czas gotowania: 10 minut

Składniki:

1 funt krewetek, obranych i pozbawionych żyłek

2 łyżeczki czosnku w proszku

pieprz do smaku

¼ szklanki mąki

Spray do gotowania

Wskazówki:

1. Krewetki doprawiamy czosnkiem w proszku i pieprzem.

2. Obtoczyć w mące.

3. Spryskaj kosz frytownicy olejem.

4. Dodaj krewetki do koszyka frytownicy.

5. Gotuj w temperaturze 400 stopni F przez 10 minut, potrząsając raz w połowie.

Kremowa mieszanka okonia morskiego Porcje: 4

Składniki:

1 łyżka. posiekana pietruszka

2 łyżki. olej z awokado

1 w. krem kokosowy

1 łyżka. sok limonkowy

1 posiekana żółta cebula

¼ łyżeczki czarny pieprz

4 filety z okonia morskiego bez kości

Wskazówki:

1. Rozgrzej patelnię z olejem na średnim ogniu, dodaj cebulę, wymieszaj i smaż przez 2 minuty.

2. Dodaj rybę i smaż przez 4 minuty z każdej strony.

3. Dodaj pozostałe składniki, gotuj wszystko jeszcze przez 4 minuty, rozłóż na talerzach i podawaj.

Informacje o wartościach odżywczych: Kalorie: 283, Tłuszcz: 12,3 g, Węglowodany: 12,5 g, Białko: 8 g, Cukry: 6 g, Sód: 508,8 mg

Ogórek Ahi Poke Porcje: 4

Czas gotowania: 0 minut

Składniki:

Ahi Poke:

1 funt (454 g) tuńczyka ahi klasy sushi, pokrojonego w 1-calową kostkę 3 łyżki aminokwasów kokosowych

3 szalotki, cienko pokrojone

1 papryczka serrano, pozbawiona pestek i posiekana (opcjonalnie) 1 łyżeczka oliwy z oliwek

1 łyżeczka octu ryżowego

1 łyżeczka prażonych nasion sezamu

Posiekaj mielony imbir

1 duże awokado, pokrojone w kostkę

1 ogórek pokrojony w plastry o grubości ½ cala Wskazówki:

1. Przygotuj ahi poke: W dużej misce wymieszaj kostki tuńczyka ahi z aminokwasami kokosowymi, szalotkami, serrano chile (w razie potrzeby), oliwą z oliwek, octem, sezamem i imbirem.

2. Przykryj miskę folią i marynuj w lodówce przez 15

minuty.

3. Dodaj pokrojone w kostkę awokado do miski z ahi poke i wymieszaj, aby się połączyło.

4. Ułóż krążki ogórka na talerzu do serwowania. Łyżką ahi nakłuć ogórek i podawać.

Informacje o wartościach odżywczych:kalorie: 213 ; tłuszcz: 15,1g; białko: 10,1g; węglowodany: 10,8 g; błonnik: 4,0g; cukier: 0,6 g; sód: 70 mg

Minty Dorsz Mix Porcje: 4

Składniki:

4 filety z dorsza bez kości

½ w. bulion z kurczaka o niskiej zawartości sodu

2 łyżki. Oliwa z oliwek

¼ łyżeczki czarny pieprz

1 łyżka. siekana mięta

1 łyżeczka skórka otarta z cytryny

¼ c. posiekana szalotka

1 łyżka. sok cytrynowy

Wskazówki:

1. Rozgrzej patelnię z olejem na średnim ogniu, dodaj szalotki, wymieszaj i smaż przez 5 minut.

2. Dodać dorsza, sok z cytryny i pozostałe składniki, doprowadzić do wrzenia i gotować na średnim ogniu przez 12 minut.

3. Podziel wszystko na talerze i podawaj.

Informacje o wartościach odżywczych: Kalorie: 160, Tłuszcz: 8,1 g, Węglowodany: 2 g, Białko: 20,5 g, Cukry: 8 g, Sód: 45 mg

Tilapia cytrynowo-kremowa Porcje: 4

Składniki:

2 łyżki. Posiekana świeża kolendra

¼ c. niskotłuszczowy majonez

Świeżo mielony czarny pieprz

¼ c. świeży sok z cytryny

4 filety z tilapii

½ w. tarty niskotłuszczowy parmezan

½ łyżeczki czosnek w proszku

Wskazówki:

1. W misce wymieszaj wszystkie składniki oprócz filetów z tilapii i kolendry.

2. Równomiernie posmaruj filety mieszanką majonezu.

3. Ułóż filety na dużym papierze foliowym. Owiń folię papierową wokół filetów, aby je uszczelnić.

4. Ułóż opakowanie foliowe na dnie dużego wolnowaru.

5. Ustaw wolnowar na niskim poziomie.

6. Przykryj i gotuj przez 3-4 godziny.

7. Podawaj z kolendrą.

Informacje o wartościach odżywczych:Kalorie: 133,6, Tłuszcz: 2,4 g, Węglowodany: 4,6 g, Białko: 22 g, Cukry: 0,9 g, Sód: 510,4 mg

Rybne tacos Porcje: 4

Czas gotowania: 20 minut

Składniki:

Spray do gotowania

1 łyżka oliwy z oliwek

4 szklanki surówki z kapusty

1 łyżka octu jabłkowego

1 łyżka soku z limonki

Szczypta pieprzu cayenne

pieprz do smaku

2 łyżki mieszanki przypraw do taco

¼ szklanki mąki uniwersalnej

1 funt filetu z dorsza, pokrojony w kostkę

4 tortille kukurydziane

Wskazówki:

1. Rozgrzej frytkownicę do 400 stopni F.

2. Spryskaj kosz frytownicy olejem.

3. W misce wymieszaj oliwę z oliwek, surówkę z kapusty, ocet, sok z limonki, pieprz cayenne i pieprz.

4. W innej misce wymieszaj przyprawę do taco i mąkę.

5. Posmaruj kostki rybne mieszanką przypraw do taco.

6. Dodaj je do kosza frytownicy.

7. Smażyć na powietrzu przez 10 minut, potrząsając w połowie.

8. Tortille kukurydziane posmarować mieszanką ryb i surówek z kapusty i zwinąć.

Mieszanka imbirowego okonia morskiego

Porcje: 4

Składniki:

4 filety z okonia morskiego bez kości

2 łyżki. Oliwa z oliwek

1 łyżeczka. tarty imbir

1 łyżka. posiekana kolendra

Czarny pieprz

1 łyżka. ocet balsamiczny

Wskazówki:

1. Rozgrzej patelnię z olejem na średnim ogniu, włóż rybę i smaż po 5 minut z każdej strony.

2. Dodaj pozostałe składniki, gotuj wszystko jeszcze przez 5 minut, rozłóż wszystko na talerzach i podawaj.

Informacje o wartościach odżywczych: Kalorie: 267, Tłuszcz: 11,2 g, Węglowodany: 1,5 g, Białko: 23 g, Cukry: 0,78 g, Sód: 321,2 mg

Porcje krewetek kokosowych: 4

Czas gotowania: 6 minut

Składniki:

2 jajka

1 szklanka niesłodzonego suszonego kokosa

¼ szklanki mąki kokosowej

¼ łyżeczki papryki

Odrobina pieprzu cayenne

½ łyżeczki soli morskiej

Drob świeżo zmielony czarny pieprz

¼ szklanki oleju kokosowego

1 funt (454 g) surowych krewetek, obranych, pozbawionych żyłek i osuszonych Wskazówki:

1. Ubij jajka w małej, płytkiej misce, aż się spienią. Odłożyć na bok.

2. W oddzielnej misce wymieszaj kokos, mąkę kokosową, paprykę, pieprz cayenne, sól morską i czarny pieprz i mieszaj, aż składniki się dobrze połączą.

3. Zanurz krewetki w ubitych jajkach, a następnie obtocz krewetki w mieszance kokosowej. Strząśnij nadmiar.

4. Rozgrzej olej kokosowy na dużej patelni na średnim ogniu.

5. Dodaj krewetki i gotuj przez 3 do 6 minut, od czasu do czasu mieszając, aż miąższ będzie całkowicie różowy i nieprzejrzysty.

6. Przenieś ugotowane krewetki na talerz wyłożony ręcznikami papierowymi do odsączenia. Podawaj na ciepło.

<u>Informacje o wartościach odżywczych:</u>kalorie: 278 ; tłuszcz: 1,9g; białko: 19,2g; węglowodany: 5,8g; błonnik: 3,1g; cukier: 2,3 g; sód: 556 mg

Wieprzowina Z Gałką Muszkatołową Porcje: 4

Czas gotowania: 35 minut

Składniki:

1-funtowy gulasz wieprzowy, pokrojony w kostkę

1 dynia piżmowa, obrana i pokrojona w kostkę

1 żółta cebula, posiekana

2 łyżki oliwy z oliwek

2 ząbki czosnku, posiekane

½ łyżeczki garam masali

½ łyżeczki gałki muszkatołowej, mielonej

1 łyżeczka płatków chili, pokruszonych

1 łyżka octu balsamicznego

Szczypta soli morskiej i czarnego pieprzu

Wskazówki:

1. Rozgrzej patelnię z olejem na średnim ogniu, dodaj cebulę i czosnek i smaż przez 5 minut.

2. Dodaj mięso i smaż przez kolejne 5 minut.

3. Dodaj pozostałe składniki, wymieszaj, gotuj na średnim ogniu przez 25 minut, rozłóż na talerzach i podawaj.

Informacje o wartościach odżywczych:kalorie 348, tłuszcz 18,2, błonnik 2,1, węglowodany 11,4, białko 34,3

www.ingramcontent.com/pod-product-compliance
Lightning Source LLC
Chambersburg PA
CBHW070400120526
44590CB00014B/1195